Adoção de serviços de computação e... cadeia de abaste...

Mac-Kingsley Ikegwuru

Adoção de serviços de computação em nuvem e desempenho da cadeia de abastecimento

de empresas de comercialização de petróleo a retalho no estado do rio da Nigéria

ScienciaScripts

This book is a translation from the original published under ISBN 978-620-7-47801-9.

Publisher:
Sciencia Scripts
is a trademark of
Dodo Books Indian Ocean Ltd. and OmniScriptum S.R.L publishing group

120 High Road, East Finchley, London, N2 9ED, United Kingdom
Str. Armeneasca 28/1, office 1, Chisinau MD-2012, Republic of Moldova, Europe

ISBN: 978-620-8-11084-0

RECONHECIMENTO

Continuo grato a Deus, o Pai Todo-Poderoso, a maior de todas as inspirações, por me ter acompanhado e pela sua orientação, proteção e sustento. Obrigado ao meu mentor: Prof. N.G. Nwokah, que é um dos principais pilares do meu sucesso académico. Agradeço sinceramente ao Prof, G.A. Okwandu, Prof. J.U.D. Didia, e Prof. A.F. Wali pela sua orientação profissional e crítica construtiva em todos os capítulos deste trabalho. Sem eles, este estudo não teria sido concluído desta forma. Agradeço sinceramente ao Prof. B.A. Opara pelos seus comentários construtivos e pela edição deste estudo e ao Dr. H. Harcourt pelos seus conselhos e encorajamentos úteis. Agradeço sinceramente ao Prof. P.M. Nadube, ao Dr. Kenneth Adiele, ao Dr. (Sra.) S.C. Nwulu, ao Dr. (Sra.) J. Gladson-Nwokah, ao Dr. (Sra.) N. Alex-Akekwe, ao Dr. (Sra.) H. I. Ogan, ao Dr. (Sra.) H. I. Ogan, Dr. (Sra.) L.E. Hamilton-Ibama, Dr.(Sra.) H. P. Jaja, Dr. (Sra.) I. R. Damian-Okoro, Dr. G.C. Ogonu, Dr. W.B. Ateke, Dr. E. L. Poi, Dr. E. Ihunwo, Dr. S.M. Owuso, e Dr. O. Agburum, e outro pessoal académico e não académico do Departamento de Marketing, Faculdade de Administração e Gestão, Universidade Estatal de Rivers, Port Harcourt, pelo bom clima de trabalho demonstrado no Departamento. Agradeço também ao Sr. Godspower Ichemati por ter prestado um apoio útil. Agradeço muito ao meu genro, Engr. Gerald Akamziricha Wachukwu, pelo seu encorajamento. Sinceramente, estou grato aos meus irmãos, o Sr. Solomon Ikegwuru e o Sr. Innocent Ikegwuru, pelo seu apoio e encorajamento constantes. Agradeço muito à minha mulher, Charity, pela sua compreensão durante a realização deste trabalho, e aos meus filhos, Makepeace, Anesthesia, Uriel e Joachim. As vossas contribuições foram enormes, por favor sigam este feito como um modelo para a vossa vida.

1

DEDICAÇÃO

Este livro é dedicado aos meus alunos de licenciatura e de pós-graduação.

ÍNDICE DE CONTEÚDOS

CAPÍTULO 1 INTRODUÇÃO

1.1 : Antecedentes do estudo

É necessário salientar que, para que qualquer empresa se mantenha alerta e possa competir de forma apreciável no terreno comercial existente, tem de adotar as tecnologias da informação (TI) para acelerar o crescimento ou o progresso. Isto porque o domínio da tecnologia segue um caminho dinâmico e, para que as empresas se destaquem no panorama operacional altamente competitivo, têm de compreender as inovações tecnológicas e avançar progressivamente na direção de uma tecnologia melhorada. O surgimento da Internet tornou imperativo que as empresas reexaminem as suas operações comerciais, por exemplo, a computação em nuvem, uma nova oportunidade para as empresas aplicarem esta tecnologia nas suas operações para um desempenho ótimo da cadeia de abastecimento.

A computação em nuvem é a mais recente extensão da infraestrutura de TI, tendo surgido na década de 2000 como um dispositivo utilitário (Chen, Chuang & Nakatani, 2016), e constitui três dimensões de software, plataforma e infraestrutura (Chen, Chuang & Nakatani, 2016: Lal & Bharadwaj, 2016; Mell & Grance, 2011). É imperativo iniciar uma investigação sobre a computação em nuvem e o desempenho da cadeia de abastecimento, uma vez que, nos últimos tempos, têm atraído uma atenção considerável nos negócios e no domínio. A gestão aprecia o facto de receber uma atenção encorajadora nos meios académicos e na indústria. A nuvem melhora a colaboração e a capacidade de se adaptar às mudanças em harmonia com o aumento da procura (Jede & Teuteberg, 2016). A ferramenta permite a colaboração e a evolução dos contratos, melhorando rigorosamente a gestão dos contratos (Attaran, 2017). No entanto, na Nigéria, existem áreas de preocupação, como a eletricidade inadequada, a conetividade fiável, a falta de segurança adequada em termos de sensibilização, a privacidade e a falta de normas e a tributação múltipla (Dahunsi & Owoseni, 2015; Awosan, 2014; Odufuwa, 2012).

A importância do serviço de computação em nuvem é bem suportada na literatura (Ge & Huang, 2011; Hsu & Lin, 2014; Cheng et al., 2014; Lin & Liu, 2014; Fu & Cheng, 2015; Schnederjans, 2016; Attaran, 2017). No entanto, muitos dos artigos disponíveis sobre este tema são da perspetiva do profissional e muito pouco da investigação académica, sendo que nenhum se debruça sobre as empresas de comercialização de petróleo a retalho. Por conseguinte, este estudo questiona a adoção deste novo protótipo no desempenho da cadeia de abastecimento das empresas de comercialização de petróleo a retalho. Investigar as empresas de comercialização de petróleo a retalho indicará a futura cadeia de adoção na área, e é importante estudar a adoção de serviços de computação em nuvem na empresa de comercialização de petróleo a retalho, porque uma entrada na nuvem traz numerosos conhecimentos gratificantes sobre o desempenho da cadeia de abastecimento. Além disso, Attaran (2011) observou que uma cadeia de abastecimento sem uma solução distinta baseada na nuvem num nicho adequado ou designado seria classificada como uma cadeia cujo local de atividade se encontra a uma distância dos padrões de comportamento adequado ou aceitável. Por conseguinte, a

4

A tese avaliou a adoção de serviços de computação em nuvem em empresas de comercialização de petróleo a retalho, estudando a adoção de serviços de computação em nuvem e o desempenho da cadeia de abastecimento de empresas de comercialização de petróleo a retalho no Estado de Rivers, na Nigéria.

1.2 : Declaração do problema

Investigações académicas anteriores sobre a computação em nuvem (Cheng et al., 2014; Lin & Liu, 2014; Fu & Cheng, 2015) e recentes (por exemplo, Loukis et al., 2017; Attaran, 2017; Schnederjans, 2016; Hsu & Lin, 2014; Lal & Bharadwaj, 2016) relatam concetualmente a influência da adoção de serviços baseados na nuvem ou mantêm o desenvolvimento concetual, tornando os seus trabalhos quase in- exaustivos. Estes estudos são novos para a Nigéria e constituem uma lacuna geográfica em que pouca ou nenhuma investigação foi feita no local atual onde o investigador pretende realizar a sua investigação.

Para além disso, a maioria dos estudos existentes baseia-se na utilização de conceitos, definições e análises qualitativas (Lin & Chen, 2012; Sultan, 2011, Marston etal., 2011; Iyer & Henderson, 2010), carecendo de estudos empíricos. Trata-se de uma lacuna metodológica, uma vez que há uma tendência no uso de abordagens qualitativas em detrimento do método quantitativo, com a possibilidade de que certos dados que poderiam ser obtidos apenas através do uso do método quantitativo possam ter sido perdidos. É possível afirmar que os planeadores e os decisores encontraram pouco valor no trabalho realizado até agora.

Estes problemas suscitam um projeto de investigação para ligar as empresas de comercialização de petróleo a retalho à informática como motor de uma eficiência óptima. Daí a investigação da ligação entre as variáveis: utilização de software como um serviço (SaaS), plataforma como um serviço (PaaS) e infraestrutura como um serviço (IaaS) e desempenho da cadeia de abastecimento (flexibilidade do processo logístico, cumprimento das encomendas e partilha de informações). O estudo também assimilou a confiança inter-organizacional para verificar o seu papel moderador na relação entre a adoção de serviços de computação em nuvem e o desempenho da cadeia de abastecimento de empresas de comercialização de petróleo a retalho no Estado de Rivers, na Nigéria.

1.3 : Objetivo do estudo

O objetivo geral do estudo é investigar a influência da adoção de serviços informáticos no desempenho da cadeia de abastecimento de empresas de comercialização de petróleo a retalho no Estado de Rivers, na Nigéria.
Os objectivos específicos são os seguintes:
1. Examinar a influência da adoção de software como um serviço no desempenho da cadeia de abastecimento.
2. Investigar a influência da adoção de uma plataforma como serviço no desempenho da cadeia de abastecimento.
3. Examinar a influência da adoção de infra-estruturas como serviço no desempenho da cadeia de abastecimento.

4. Examinar o papel moderador da confiança interorganizacional na relação entre a adoção de serviços de computação em nuvem e o desempenho da cadeia de abastecimento.

1.4 : Investigação Perguntas

Na perspetiva do estudo, foram formuladas as seguintes questões de investigação:

1. Em que medida é que o software como serviço influencia o desempenho da cadeia de abastecimento?
2. Em que medida é que a plataforma como um serviço influencia o desempenho da cadeia de abastecimento?
3. Em que medida é que as infra-estruturas como serviço influenciam o desempenho da cadeia de abastecimento?
4. Em que medida é que a confiança interorganizacional modera a relação entre a adoção de serviços de computação em nuvem e o desempenho da cadeia de abastecimento?

1.5 : Variáveis do estudo e quadro concetual

Tendo em conta os nossos problemas, objectivos e questões de investigação, as seguintes variáveis de investigação foram retiradas de estudos empíricos anteriores:

i. Adoção de serviços de computação em nuvem (CCSA) como variável preditora com as suas dimensões como: Software como um serviço (SaaS), Plataforma como um serviço (PaaS) e Infraestrutura como um serviço (IaaS).

ii. O desempenho da cadeia de abastecimento é a variável critério com as seguintes medidas Flexibilidade do Processo Logístico (LPF), Cumprimento de Encomendas (OF) e Partilha de Informação (IS).

iii. Variável moderadora com o seu fator contextual como: Confiança Inter-organizacional (TI).

Com base no exposto, este estudo defende que a adoção de serviços de computação em nuvem (software como um serviço, plataforma como um serviço e infraestrutura como um serviço) conduz fundamentalmente ao desempenho da cadeia de abastecimento (flexibilidade do processo logístico, cumprimento de encomendas e partilha de informações), sob o papel moderador da confiança inter-organizacional. Para orientar este estudo, foi concebido o seguinte quadro concetual:

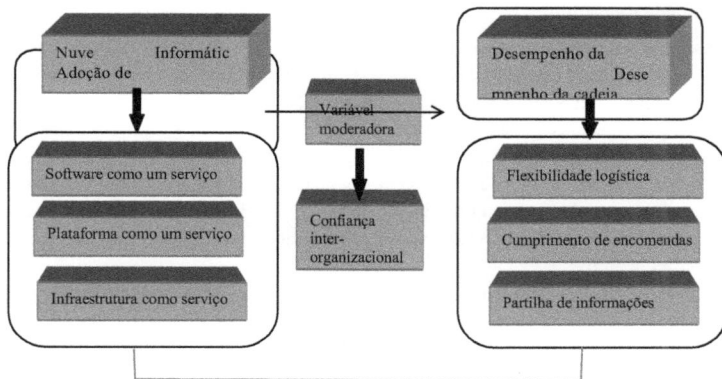

Figura 1: Quadro concetual da relação entre a adoção de serviços de computação em nuvem e o desempenho da cadeia de abastecimento.

Fontes: Adaptado de Chen, Chuang e Nakatani (2016), Misra e Sharan (2014), Mihi- Ramirez et al. (2012), Lee (2007) e Barratt e Oke. (2007).

1.6 Investigação Hipóteses

As hipóteses do estudo são as seguintes, indicando as relações condicionais que existem entre as variáveis:

Ho A adoção de software como serviço não influencia significativamente a flexibilidade do processo logístico.

$Ho2$: A adoção de software como um serviço não influencia significativamente o cumprimento das encomendas.

$Ho3$: A adoção de software como um serviço não influencia significativamente a partilha de informações.

$Ho4$: A adoção de uma plataforma como serviço não influencia significativamente a flexibilidade do processo logístico.

$Ho5$: A adoção de uma plataforma como serviço não influencia significativamente o cumprimento das encomendas

$Ho6$: A adoção de uma plataforma como serviço não influencia significativamente a partilha de informações.

$Ho7$: A adoção de uma infraestrutura como serviço não influencia significativamente a flexibilidade do processo logístico.

$Ho8$: A adoção de infra-estruturas como serviço não influencia significativamente o cumprimento das encomendas. $Ho9$: A adoção de uma infraestrutura como serviço não influencia significativamente a partilha de informações. $Ho10$: A confiança inter-organizacional não modera significativamente a relação entre a adoção de serviços de computação em nuvem e o desempenho da cadeia de abastecimento.

7

1. 7 Importância do estudo

Esta tese é significativa nos seguintes aspectos:

1. A investigação ajudará a gestão das empresas de comercialização de petróleo a retalho a formular estratégias com vista a melhorar o desempenho e a fornecer melhores serviços para satisfazer as exigências dos consumidores.

2. A investigação também ajudará a resolver os problemas práticos de distribuição e comercialização associados à venda a retalho de petróleo na Nigéria, uma vez que os gestores das empresas de comercialização de petróleo a retalho utilizarão modelos de serviços de computação em nuvem adequados para garantir um desempenho superior da cadeia de abastecimento.

3. A investigação ajudará os investidores potenciais e existentes no negócio de comercialização de petróleo a retalho a determinar o desempenho da cadeia de abastecimento, e permitirá aos gestores, distribuidores e outros membros do canal determinar a utilidade da adoção de serviços de computação em nuvem que influenciam o desempenho da cadeia de abastecimento.

4. Além disso, evidenciará a importância social e económica das empresas de comercialização de petróleo a retalho na economia da Nigéria, o que, por sua vez, ajudará os decisores políticos a rever algumas das políticas existentes que inibem o desempenho.

5. A adoção de serviços de computação em nuvem e o desempenho da cadeia de abastecimento foram todos derivados das teorias das tecnologias da informação e da gestão da cadeia de abastecimento, respetivamente; por conseguinte, esta investigação pode contribuir com mais conhecimentos para estes domínios.

6. A tese sustenta a literacia sobre o assunto em questão e foi capaz de ter um impacto numa compreensão mais profunda das dimensões da adoção de serviços de computação em nuvem como: software como um serviço, plataforma como um serviço e infraestrutura como um serviço, que é impactante se for empregue por gestores de empresas de marketing de retalho de petróleo para controlar os seus processos de negócio e melhorar o desempenho da cadeia de abastecimento.

1.8 Âmbito do estudo

Esta questão é analisada a partir de três dimensões principais abordadas a seguir:

Âmbito do conteúdo: Este estudo incide sobre a adoção de serviços de computação em nuvem e o desempenho da cadeia de abastecimento de empresas de comercialização de petróleo a retalho no Estado de Rivers, e está domiciliado na área da gestão digital da cadeia de abastecimento.

Âmbito geográfico: Este estudo abrange todas as empresas de comercialização de petróleo a retalho da Nigéria e tira conclusões sobre as actividades da cadeia de abastecimento das empresas de comercialização de petróleo a retalho na Nigéria, utilizando uma pequena amostra retirada da cidade metropolitana de Port-Harcourt, no Estado de Rivers, onde operam as principais empresas de comercialização de petróleo a retalho.

Nível de Análise/Unidade de Estudo: O nível de análise é macro e a unidade de análise é executada ao nível da organização, abrangendo os principais inquiridos em cada uma das 55 empresas de comercialização de petróleo a retalho envolvidas.

1.9 Definição operacional de Termos

As definições abaixo indicadas são úteis:

Nuvem: A nuvem é utilizada para descrever grupos de capacidades baseadas na Internet para implementar uma quantidade específica de trabalho.

Adoção de serviços de computação em nuvem: A utilização de serviços de computação em nuvem por uma organização para alimentar as operações. .

Infraestrutura como serviço: A infraestrutura como serviço é um serviço em que as redes e o processamento são implantados na nuvem, possuídos e administrados por um fornecedor.

Confiança inter-organizacional: O intervalo em que os membros de uma organização específica acomodam uma orientação de confiança colectiva na direção de outra organização

Flexibilidade do processo logístico: Trata-se da capacidade da empresa de ser adaptável no tratamento dos pormenores de uma operação.

Cumprimento da encomenda: O cumprimento da encomenda é o ato ou processo de entrega de um produto a um cliente **Plataforma** como **serviço** A plataforma como serviço é uma classe de serviço de computação em nuvem que fornece plataformas (telemóveis, tablets, computadores portáteis e estações de trabalho) para utilização dos clientes.

Software como um serviço: O software como serviço é um serviço em que as soluções comerciais são oferecidas aos clientes por um fornecedor.

Desempenho da cadeia de abastecimento: Trata-se de uma estimativa da capacidade de uma empresa para satisfazer atempadamente as necessidades dos clientes.

CAPÍTULO 2
REVISÃO DA LITERATURA RELACIONADA

Este capítulo analisa a literatura relacionada com o tema em questão e inclui a fundamentação teórica, a revisão dos principais conceitos do estudo, estudos empíricos anteriores sobre as variáveis e um resumo.

2.1 : Teórico Fundação

O estudo ilumina alguns modelos e teorias importantes expressos abaixo devido à sua relevância para a adoção de serviços de computação em nuvem e para o desempenho da cadeia de abastecimento. A base teórica do presente estudo está ancorada em: o modelo do Ambiente da Organização Tecnológica (TOE), o Modelo de Aceitação Tecnológica (TAM), a Teoria da Difusão da Inovação (DIT) e a Teoria do Capital Social (SCT).

2.1.1 : Modelo Tecnologia-Organização-Ambiente (TOE)

Este modelo postula que a inovação é uma função de três facetas: Organização; Ambiente e Tecnologia acessível no mercado empregada, ou não, pela organização (Tarnatzky e Fleibher (1990) in Baker 2012). A TOE é uma arquitetura para a investigação e recolha de produtos e serviços TIC a nível organizacional. Zhu, Kraemer, Xu e Dedric (2004) afirmam que este modelo é um quadro teórico de longo alcance que fornece uma extensa base de impressão e agilidade e que garante impacto nas decisões empresariais. A adoção de tecnologias da informação exige que as empresas reúnam uma arquitetura para apoiar as operações na tomada de decisões. A fraqueza do modelo de enquadramento é útil na medida em que as suas principais construções não são determinantes muito óbvias e precisas. Relacionar este modelo com o presente estudo estabelece que uma investigação desta natureza vê a informática como um consórcio teoricamente informado de dispositivos estabelecidos que abrangem e projectam factores que têm impacto no software como serviço (SaaS), na plataforma como serviço (PaaS) e na infraestrutura como serviço (IaaS) e como podem conduzir a um desempenho eficiente da cadeia de abastecimento em empresas de comercialização de petróleo a retalho.

2.1.2. Modelo de Aceitação Tecnológica (TAM)

Este modelo considera a intenção comportamental da aplicação da tecnologia e propõe a sua utilidade como uma força contributiva delicada para a adoção da tecnologia. Este modelo tem sido amplamente utilizado originalmente na literatura sobre TI e salienta a importância da confiança para diminuir a incerteza. O modelo TAM foi amplamente examinado e alargado a aspectos distintos, pelo que os gestores da cadeia de abastecimento se esforçam por desenvolver actividades em empresas petrolíferas retalhistas.

2.1.3 Teoria da difusão da inovação (DIT)

10

Trata-se de uma teoria muito difundida na literatura sobre a aceitação da tecnologia, com a intenção de explicar a forma como as tecnologias emanadas se estão a estender e a funcionar nas operações. Além disso, a DIT não foi capaz de associar a inovação a uma atitude correta (Abbasi, Tarhini, Hassouna & Shah, 2015). No entanto, o domínio dos sistemas de informação contém uma série de estudos recentes relacionados com a difusão da inovação (Low et al., 2011).

A utilidade da DIT para este estudo depende da forma como as empresas de comercialização de petróleo a retalho percepcionam a vantagem relativa da DIT e se reconhecem as inovações através da aquisição de dispositivos favoráveis de adoção de serviços de computação em nuvem. Estas empresas têm a ganhar no ambiente empresarial contemporâneo.

2.1.4: Teoria do Capital Social (SCT)

Esta teoria proclama as vantagens que as associações entre indivíduos ou organizações geram. Esta é explicada como uma vantagem fundada em meios de abordagem de recursos que podem ser obtidos através da cooperação. É constituída por dimensões cognitivas, estruturais e relacionais que se baseiam na relação realmente existente, assente numa sequência de interações que produzem trocas mútuas. Por conseguinte, as empresas de comercialização de petróleo a retalho devem estabelecer colaborações sólidas na sua cadeia de abastecimento e aproveitar as possíveis vantagens obtidas através da cooperação para satisfazer as necessidades dos clientes e obter vantagens competitivas.

Este estudo adoptou a TOE, DOI, TAM e SCT porque são modelos e teorias que têm sido aplicados nas empresas e as tentativas de compreender como estes modelos e teorias se comportam quando a inovação é aplicada são experimentadas ao testá-los em várias ocasiões e a sua utilização como sendo razoável é retratada em vários estudos como este.

2.2 Significado e evolução da computação em nuvem

Este conceito é extraído da noção de capacidade das empresas e dos clientes para obterem poder de computação a nível global quando necessário (Battleson, 2016). Os sistemas de informação existentes atualmente na nuvem são: E-mail, ERP, Sistema de Recursos Humanos, Sistema de Segurança da Informação, Videoconferência, CRM, e-Business, Gestão de Projectos. A nuvem é utilizada para descrever plataformas que permitem e difundem a computação, o que ajuda um utilizador a implementar uma quantidade específica de trabalho. A computação em nuvem é conceptualizada como uma reunião de um conjunto de dispositivos corpóreos que podem ser obtidos globalmente através da ajuda de um dispositivo móvel com uma ligação à Internet (Cao et al. (2017).

Imran (2013) definiu a computação em nuvem em termos de tecnologias oferecidas por um terceiro que, vigorosamente, equipa e lida com uma vasta gama de requisitos. Com o mesmo ponto de vista, Cao et al. (2017) referiram-se à transferência de computação e armazenamento de dados através de uma rede para uma infraestrutura de computação externa administrada e sustentada por um fornecedor, apoiando os pontos de vista de Goscinski e Brook (2010) de que a nuvem na Internet camufla os recursos acessíveis e fornece uma interligação criteriosa, através da qual os utilizadores poderiam utilizar a Internet como um potente computador pessoal.

As definições e explicações acima referidas clarificam o que é a computação em nuvem. Um acordo comum entre os autores é que a computação em nuvem é uma solução fornecida como um serviço. Estas definições e explicações visualizam o dispositivo como a fusão de hardware e software de sistema que oferece os serviços. No entanto, alguns aspectos importantes da computação em nuvem que estes autores parecem ignorar são a infraestrutura, o hardware ou a plataforma. Os serviços de computação em nuvem, como um artifício copioso, oferecem uma garantia considerável de que a expansão se torna visível como uma estrutura que visa fornecer serviços estáveis e rápidos, e um meio de apoio retratado como um serviço e entregue através da Internet (Rezai, 2014). A computação em nuvem é uma tecnologia baseada em serviços e aplicações que utiliza recursos de fácil acesso através da Internet (Malik et al., 2016). A computação em nuvem é considerada pelas empresas como a primeira entre as 10 tecnologias mais importantes com uma perspetiva mundial superior em anos consecutivos. (Rattern, 2016). A adoção deste dispositivo está cada vez mais na moda, abrangendo empresas famosas (Ambrust et al., 2010).

Diz-se que a computação em nuvem tem uma longa história e tem sido emocionante. Nos últimos tempos, esta evolução testemunhou uma mudança da computação empresarial para a computação em nuvem, que tem vindo a refletir as necessidades das empresas. Rimel et al. (2011) observa que a computação em nuvem alcançou um enorme progresso recentemente e espera-se que cresça de forma consistente. A evolução da computação foi dividida por Foster et al (2008) em seis épocas. Estas seis épocas da computação foram comparadas por Rimel et al. (2011), que afirmam que, embora seja visível que a computação em nuvem dá a impressão de estar a regressar a uma era, é bastante distinta: em primeiro lugar e de forma restrita, tem o poder ou a capacidade de fornecer um poder de computação quase ilimitado (Chen et al., 2016; Wu, 2011).

Assim, a computação em nuvem é conceituada como um conjunto de um corpo de existência corpórea de serviços que podem ser obtidos de qualquer lugar através do auxílio de um dispositivo móvel com uma conexão baseada na Internet (Misra & Mondal, 2010; Sultan, 2010). As ofertas de computação em nuvem, conforme conceituadas por Guru 99 (2019),

estão representadas na Figura 2.1.

Figura 2.2: Computação em nuvem
Fonte: Adotado de Guru 99 (2019). Tutorial de computação em nuvem para iniciantes

2.3 Dimensões do serviço de computação em nuvem Adoção

Uma grande parte da literatura de investigação distingue entre Software como um serviço (SaaS), Plataforma como um serviço (PaaS) e Infraestrutura como um serviço (IaaS) (Chen et al., 2016; Wu, 2011; Mell & Grance, 2011), como os três principais modelos de serviços de computação em nuvem. Os três principais modelos de serviços de computação em nuvem são ilustrados na Figura 2.2.

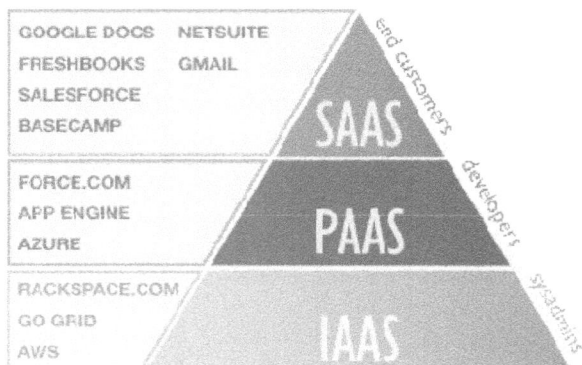

Figura 2.2: Modelos de serviços de computação em nuvem
Fonte: Hutt, M. (2019) IaaS vs PaaS: A diferença. Reunião em vídeo ezTalks

Este estudo, em corroboração com Chen et al., 2016; Wu, 2011; Mell & Grance, 2011 adopta o software como serviço, a plataforma como serviço e a Infraestrutura como serviço como dimensões da adoção de serviços de computação em nuvem.

2.3.1 : Software como um serviço

O modelo de software como serviço (SaaS) remonta a 1990 e passou gradualmente a ser uma corrente ou direção predominante de atividade ou influência na área de interesse ou concorrência das TI. Trata-se de um produto fornecido como um serviço, alojado centralmente e oferecido por um fornecedor acessível aos clientes que pagam pelo serviço. A entrega de um produto é facilitada por uma fonte ligada à Internet. (Kung, Cegielski e Kung (2015), que concedem claramente meios de abordagem através da Internet Li e Yan (2017)) e Sultan, 2011) referiram-se ao software como serviços desenvolvidos para o cliente. Afirmam ainda que o software simboliza que a aplicação é fornecida ao cliente como um serviço e que, nos modelos de software, o utilizador não administra nem regula a estrutura da nuvem subjacente. Nestas definições, o software é visto como uma tecnologia que permite um vasto acesso ao cliente. Mell e Grance (2011) observam que o software é o método existente de fornecer soluções aos utilizadores. Esta é a razão para se referir ao software como software a pedido. Os clientes pagam pela utilização das aplicações de software, reduzindo os custos de aquisição e manutenção do software (Johansson & Ruivo,

14

2013). O modelo de distribuição de software como serviço (SaaS) é um serviço oferecido através da Internet pelos prestadores de serviços, também designados por fornecedores de serviços em nuvem, e que pode ser acedido e executado pelos clientes.

2.3.2 : Plataforma como um serviço (PaaS)

A plataforma como serviço, de acordo com Tsai et al. 2010), pode ser conceptualizada como um conjunto de subsistemas que conduz a um fluxo de produtos relacionados. Rodero-Merino et al. (2011) observaram que a plataforma diz respeito à transfiguração de procedimentos imensamente protegidos em plataformas e componentes associados ou aplicações desenvolvidas em ecossistemas atraentes de programadores terceiros. Tiwana et al. (2010) afirmam que a plataforma fornece uma plataforma de contentores e um cenário de execução em que os programadores terceiros implantam e executam as suas aplicações. Este padrão de crescimento existente permite que os programadores se liguem aos benefícios da co-criação de valor e utilizem a proficiência e a capacidade de inovação exteriores numa medida nunca antes vista (Rodero-Merino et al. (2011).

Marston et al (2011) aludem à plataforma como um serviço como uma classe de serviços que fornece aplicações de base e de supervisão aliciantes e que não apresenta complicações de montagem e manutenção do dispositivo. Butler (2013) propõe um cenário de execução ancorado no software, no qual é oferecida uma plataforma de contentores para permitir aos consumidores alargar e gerir os seus componentes. Chang, Abu-Amara e Sanford (2010) descrevem o serviço de plataforma de nuvem como uma camada de abstração da camada de infraestrutura subjacente que engloba a rede, os servidores, o sistema operativo ou o armazenamento. Para além disso, Khalid (2010) e Lacity e Reynolds (2014), revelam testes de desenvolvimento e manutenção contínua, enquanto Rimal, etal (2010) estipulam o desenvolvimento completo de software. Yang e Tate (2012) referem-se à competência do fornecedor para com o utilizador e estendem a linguagem sustentada aplicada alcançada. Este estudo define plataforma como um conjunto de serviços que definem a infraestrutura da aplicação, o sistema operativo, o middleware e a configuração item a item, fornecendo às equipas de programadores a aptidão para fornecer, construir, testar e posicionar aplicações.

É fornecida uma plataforma na qual o cliente obtém a posse de software para desenvolver as suas aplicações. (Tsai et al., 2010). Hurwitz et al. (2012) observam que a plataforma envolve a mudança da forma de proceder a um software altamente sustentado em plataformas e partes constituintes associadas ou aplicações. Hurwittz etal. (2012) reconhecem que a plataforma é um modelo de computação em nuvem que fornece aos clientes kits de desenvolvimento alojados, ferramentas de base de dados e competências de gestão de aplicações. Os fornecedores terceiros fornecem aos clientes recursos virtuais para desenvolver, implementar e lançar aplicações de software, minimizando a necessidade de desenvolvimento de software de backend. Isto implica que o serviço de plataforma de nuvem traz à existência, partes constituintes de software e interfaces e o fornecedor de serviços é responsável pela sustentação do ambiente de trabalho e dos sistemas operativos, enquanto o programador regula os dados da aplicação. Li e Yan (2017) referem que as empresas utilizam o serviço de plataforma de computação em nuvem para externalização, alojamento, construção, segurança e armazenamento.

Atualmente, o mercado de plataformas ainda é novo. No entanto, à medida que se desenvolve plenamente, as organizações estão a olhar para a plataforma como um caminho para expandir a adoção geral da nuvem nas empresas e para harmonizar o processo de desenvolvimento. Atualmente, o mercado está dividido em fragmentos. No entanto, as empresas de estudos de mercado prevêem que a dispersão das quotas de mercado se alterará de forma interessante no futuro (Yang & Tate, 2012).

2.3.3 Infraestrutura como um serviço

A infraestrutura como serviço fornece soluções e funciona como um modelo em que os fornecedores operam e chegam aos clientes. Estes serviços são intensamente compelidos por políticas, permitindo que os utilizadores de serviços de infraestrutura de nuvem realizem um excelente nível de utilização para actividades de trabalho significativas.

Yang e Tate (2012) opinam que, atualmente, o mercado das infra-estruturas se encontra num estado de grandes mudanças sociais ou políticas, uma vez que muitos fornecedores de serviços estão a mudar as suas estratégias depois de terem experimentado deficiências na obtenção de uma aderência adequada ao mercado. A quota de mercado continuou a concentrar-se mais profundamente, mesmo quando o mercado floresceu de forma emocionante. O mercado é controlado apenas por alguns.

A infraestrutura como serviço é uma reserva de concurso em ascensão, com subsídio total por armazenamento e competência de trabalho em rede, cujo acesso é concedido através do desempenho de funções (Mell & Grance, 2011). A infraestrutura é um modelo de autosserviço para abordar, regular e administrar infra-estruturas de centros de dados distantes e os utilizadores têm agora de obter serviços de infra-estruturas na nuvem em vez de terem de fazer uma compra aberta de hardware (Imran, 2013). De acordo com Mell e Grance (2011), o serviço de infra-estruturas está a consolidar-se rapidamente em torno de uma pequena dimensão de líderes de mercado. Em comparação com o software como serviço (SaaS) e a plataforma como serviço (PaaS), os utilizadores de infra-estruturas são responsáveis pela administração das aplicações.

2.4 Cadeia de fornecimento Desempenho

O desempenho da cadeia de abastecimento conota o nível de colaboração de uma empresa com os seus membros, que é necessário no início, na condução ou na conclusão de planos estratégicos de entrega (Gupta et al., 2013). É uma série de acções e mudanças contínuas de processos que melhoram e harmonizam a produção e o transporte (Flynn et al. 2010). A gestão da cadeia de abastecimento tem por objetivo integrar processos que transcendem o limiar dos parceiros (Huan et al., 2004). Um sentimento prevalecente na forma como a informação superior pode ser facilitada e harmonizada para que todos os membros obtenham informação útil (Lim et al., 2011). É nos requisitos que transcende o limiar da linha de satisfazer os requisitos dos clientes através da entrega de produtos ou serviços (Soon et al. 2012). Necessita de melhorias e de uma maquinaria incessante que origina

16

avaliadores (Sentanu, 2012).

2.5 Medidas de desempenho da cadeia de abastecimento

Cettani et al., (2010) observaram que a logística de alto desempenho necessita de supremacia na disciplina de medição. No entanto, existe um problema de medição (Koufterous et al., 2010), possuindo imperativos e atingindo a necessidade e avaliação no fornecimento para tal tarefa (Thun, 2010).

Visivelmente, organizações distintas, funcionando em uníssono, são inerentes a um melhor resultado (Lu & Ramamurthy, 2011), e todas as facetas podem ser vistas como caraterísticas exactas, amplas e valiosas dos sistemas de medição do desempenho (Thun, 2010). É necessário um grande esforço físico ou mental para avaliar a medição do desempenho (Natour et al., 2011). Várias métricas adoptadas no plano de medição do desempenho da cadeia de abastecimento destinam-se a avaliar as alterações e a investigar todo o processo11 (Sukati et al., 2012). A precisão da entrega mede o número de encomendas entregues a tempo, tendo em conta a data efectiva, enquanto a rotação do inventário avalia o número de rotações anuais. A satisfação do cliente e a partilha de informações são também medidas viáveis do desempenho da cadeia de abastecimento. Sentanu (2012) salienta que os clientes devem ser geridos como activos. Huan etal. (2004) também identificaram outras medidas de desempenho, como o processo logístico e o cumprimento das encomendas.

Em suma, na última década, várias organizações adaptaram métricas adequadas para a medição. Estas métricas foram identificadas tendo em conta as principais disciplinas. Huan etal. (2004) recomendam que a medição ideal para toda a cadeia de abastecimento deve ser o sistema de medição ideal de longo alcance. Este estudo, em consonância com Micra e Sharan (2014), Caridi et al. (2014) e Huan et al. (2014), adopta a flexibilidade do processo logístico, o cumprimento das encomendas e a partilha de informações.

2.5.1 Processo logístico Flexibilidade

Uma das principais dimensões do desempenho da cadeia de abastecimento é a flexibilidade (Malhotra & Mackerpeng, 2012). Nas últimas duas décadas, tem-se verificado um enorme estudo sobre a definição dos diferentes tipos de flexibilidade na manufatura, mas não existe uma harmonia universal sobre a forma como a flexibilidade do processo logístico deve ser definida (Lee etal., 2010). Malhotra e Mackerpeng (2012) identificaram a flexibilidade como sendo, em parte, uma avaliação do comportamento potencial. Isto implica que a existência de flexibilidade não depende da sua revelação. Malhotra e Mackerpeng (2012) definiram a flexibilidade do processo logístico como abrangendo as flexibilidades que têm influência direta sobre os clientes de uma empresa. Isto implica que uma flexibilidade do processo logístico que acrescenta valor serve interna ou externamente. Gupta et al. (2013) consideraram a flexibilidade do processo logístico como consequente, essencial e eficaz.

Este estudo, em conformidade com More e Buba (2011), define a flexibilidade do processo logístico como a aptidão de uma organização para se adaptar de forma hábil e impressionante às transformações previstas e imprevistas. A flexibilidade dos processos logísticos é definida tendo em conta o trabalho árduo da rede, do software e das pessoas. As aplicações das tecnologias da informação consomem recursos e o processo pode não estar completo na ausência de funções, sendo um fator significativo a adoção da computação em nuvem. Isto faz fronteira com a operação de origem que permite a reação das empresas na presença de ameaças da concorrência e satisfaz as necessidades dos clientes no tempo e no local (Mihi-Ramirez etal., 2012). A importância da flexibilidade do processo logístico na satisfação dos requisitos dos clientes é extensiva e altamente pertinente para os profissionais, mas os estudos são poucos e necessários (More & Buba, 2011; Malhotra & Mackerpeng, 2012; Gupta etal., 2013). Por conseguinte, a necessidade de estudar a flexibilidade do processo logístico numa perspetiva mais ampla na organização é atualmente apreciada (Lee et al., Mihi-Ramirez etal., 2012).

2.5.2 Encomenda Cumprimento

De acordo com Kalinanen (2013), o atendimento de encomendas vai desde a colocação de uma encomenda até à entrega do produto. O atendimento de encomendas desempenha um papel revelador na logística contemporânea (Ben-Daya & Raoul, 1994). Misra e Sharan (2014) observaram que a regulação do cumprimento das encomendas pode ser considerada como um dos principais componentes do desempenho da gestão da cadeia de abastecimento.

Thun (2010) observou que o cumprimento das encomendas tem sido continuamente analisado como uma variável de decisão que pode diferir num limiar específico. Sentanu (2012) observa que a incerteza da procura acelera o cumprimento das encomendas e coloca as empresas em risco de ficarem sem material antes da chegada das encomendas. A satisfação de encomendas, como se tem afirmado, envolve actividades de influência através de participantes como a empresa em causa.

2.5.3 Informação Partilha

Trata-se da agregação do fluxo de comunicação ou de informações que intersectam ou atravessam a cadeia de abastecimento. Melhora a execução desejável ou satisfatória das acções. A partilha de informações aumenta as hipóteses de sobrevivência nas operações e faz avançar uma cadeia de abastecimento eficaz (Xu, 2012; Yan, 2014). O peso da partilha de comunicação agregada ou inteligência através da cadeia de abastecimento para as empresas é amplamente estudado (Liu, Shah & Setiroeder, 2012; DeGroote & Mars, 2015; Wang, Hu & Hu, 2013).

As informações partilhadas na cadeia de abastecimento requerem a presença de caraterísticas inerentes que transmitam confiança, sejam oportunas, tenham um significado claro e estejam exatamente em conformidade com a verdade ou com uma norma (Chan & Chan, 2010). Este facto é bem conhecido no mundo dos negócios (Sambamurthy, 2013). A função das interações cordiais na associação comercial é a de promover a partilha avançada de informações (Huo, 2010).

A faculdade de gerar vantagem competitiva (Xu, 2012), em meio ao entendimento mútuo sustentável, é inerente à cadeia de suprimentos que valoriza a essência da vantagem

18

competitiva em seus negócios (Sivestro & Lustrato, 2014). A compreensão mútua no relacionamento é impraticável numa situação em que os membros possuem fascínios incompatíveis ((Yan, 2014).

2.6 : Empirical Review

O presente estudo empreendeu uma revisão científica sobre o assunto em causa e apresenta a seguir, com especial referência a tópicos, locais, metodologia e conclusões.

2.6.1 Software como um Serviço e Cadeia de Fornecimento Desempenho

Palo-Sanchez, Arenas-Marquez e Camacho (2017) determinaram cientificamente a adoção do modelo de software nas empresas através da execução das operações da empresa. O estudo obteve informações de 150 empresas na Andaluzia, Espanha. O estudo também descobriu a demanda organizacional necessária a essas empresas que esperam a implementação de um modelo autêntico ligado à computação em nuvem e útil para as operações da empresa.

Safari (2017) examinou a adoção de software através da aplicação de um questionário a 22 peritos universitários e 30 profissionais de TI em sistemas de informação e empresas de tecnologias da informação. Foi utilizado o Processo de Hierarquia Analítica Difusa (LinProRa). O estudo revelou que todos os atributos da tecnologia são críticos na adoção de software.

Kung, Cegielski e Kung (2015) estudaram como o ambiente de uma empresa ajuda na intenção de adotar software. A amostra foi constituída por trezentos e cinquenta e sete inquiridos de empresas de retalho e de produção selecionadas nos EUA. O questionário administrado deu uma taxa de resposta de 25%. O estudo encontrou efeitos diretos e de interação significativos que influenciam a intenção de adoção de SaaS nas empresas. Mais significativamente, o estudo revelou uma associação entre a pressão mimética e a perceção da complexidade tecnológica.

Luoma (2013) examinou as forças competitivas nos modelos de negócio de SaaS utilizando 500 inquiridos e estabeleceu que tanto as empresas de produtos de software que utilizam avidamente métodos eonrianeteficientes como as tecnologias de computação concentradas e que polarizam os seus requisitos, para se transformarem em empresas de SaaS. O estudo revelou que ambos os tipos de empresas SaaS estão a adotar arquitecturas de software semelhantes em vários utilizadores finais e a alterar as suas práticas e o seu enquadramento para defender alterações imediatas.

Benlian e Hess (2010) examinaram e discriminaram entre adoptantes e não adoptantes de SaaS. Ancorado na teoria do risco percebido, o estudo construiu um modelo de investigação que foi analisado com dados de inquéritos extraídos de 379 empresas na Alemanha. Estas empresas incluem a indústria transformadora, o comércio por grosso e a retalho, a intermediação financeira, as indústrias TIME, a construção e o sector imobiliário, a logística, o sector público e a saúde, a eletricidade (gás) e o abastecimento de água. O estudo adoptou um questionário e um inquérito. A análise dos dados foi efectuada com recurso à modelação de equações estruturais baseadas em água PLS, com base no SmartPLS. Os resultados revelaram que os utilizadores de SaaS podem recorrer a ofertas baseadas em SaaS para as alcançar de forma mais competente.

Benlian, Koufaris e Hess (20!0) examinaram empiricamente a qualidade do software e a utilização consistente do software. Empregando a técnica do informador-chave, a relação entre as variáveis do estudo foi analisada com o SmartPLS. Foi revelado que não existe um efeito significativo entre a qualidade do SaaS e a intenção de continuidade do SaaS. Para além disso, a capacidade de resposta e a segurança/privacidade são os factores mais críticos que desempenham um papel significativo na qualidade do serviço SaaS em termos de satisfação e utilidade percebida.

Com base na revisão da literatura, foram formuladas as hipóteses abaixo indicadas:

Ho1: O software como serviço não influencia significativamente a flexibilidade do processo logístico.

Ho2: O software como serviço não influencia significativamente o cumprimento das encomendas

Ho3: O software como um serviço não influencia significativamente a partilha de informações.

2.6.2 Plataforma como um serviço e cadeia de fornecimento Desempenho

Chen et al. (2016) estudaram como os adaptadores veem a vantagem competitiva sob a influência moderadora do tamanho das empresas e das atividades da cadeia de valor. Foi aplicado um questionário a 7000 empresas em Taiwan, através de correio postal. As variáveis envelope melhoraram a capacidade e aumentaram a escalabilidade. Com base em 65 questionários utilizáveis, foi utilizada a ANOVA para a análise dos dados. O estudo descobriu que o benefício composto na plataforma existe marginalmente

Lal e Bharadwaj (2016) investigaram os elementos responsáveis pela adoção de inovações e avançaram na sua compreensão. O estudo utilizou uma abordagem de entrevista e questionário semi-estruturado. O estudo utilizou um método de amostragem teórica em 21 empresas na Índia. O estudo concluiu que um efeito significativo destes factores na procura de serviços e interface fácil de utilizar, experiência e especialização do fornecedor de serviços de nuvem e apoio da gestão de topo é significativo na decisão de adotar serviços baseados na nuvem. O estudo também revelou que a plataforma como serviço (PaaS) tem impacto na flexibilidade organizacional.

Com base nesta análise, foram formuladas as hipóteses abaixo indicadas:

Ho4: A plataforma como um serviço não influencia significativamente a flexibilidade do processo logístico. Ho5: A plataforma como serviço não influencia significativamente o cumprimento das encomendas. Ho6: A plataforma como serviço não influencia significativamente a partilha de informações.

2.6.3 Infraestrutura como serviço e cadeia de fornecimento Desempenho

Battleson, West, Kim, Ramesh e Robinson (2016) examinaram as capacidades dinâmicas e a infraestrutura de nuvem, através de um estudo de caso múltiplo em 14 empresas que utilizam atualmente a infraestrutura de nuvem. O estudo selecionou executivos de topo através do método intencional. O método de bola de neve também foi usado para delinear informantes-chave como o Chief Information Officer. O resultado provou que as empresas reagem ao dinamismo do mercado desenvolvendo capacidades dinâmicas.

Yang, Qu e Liu (2016), investigaram a importância das infra-estruturas em diferentes empresas. Investiga as potencialidades da infraestrutura na adaptabilidade e na incorporação de suporte à participação em atividades de negócios que levam ao desempenho das empresas. Foram utilizados 184 clientes do Alibaba e a técnica PLS foi empregada para análise. Descobriu-se que a infraestrutura influencia o ciclo de vida e a turbulência do mercado.

Schniederjans, Ozpolat e Chen (2016) examinaram a influência da adoção de infraestrutura em nuvem na cooperação que deseja agilidade em empresas humanitárias, sob influência moderadora da confiança interorganizacional. O método de entrevista foi empregado em 19 empresas das organizações de ajuda humanitária e seus defensores. Foi revelado que a colaboração tem uma associação significativamente positiva com a agilidade em organizações humanitárias.

Camara, Fuentes e Mmarin (2015) investigaram os efeitos da infraestrutura de nuvem no desempenho. Com 394 empresas selecionadas na Espanha empregando o CATL por meio de pesquisa telefônica para testar as hipóteses, foi adotada a técnica de análise fatorial, demonstrando a contribuição das necessidades de infraestrutura de integração.

Com base nesta análise, foram formuladas as hipóteses abaixo indicadas:

H_{o7}: A infraestrutura como um serviço não influencia significativamente a flexibilidade do processo logístico.
H_{o8}: A infraestrutura como um serviço não influencia significativamente o cumprimento das encomendas.
H_{o9}: A infraestrutura como um serviço não influencia significativamente a partilha de informações.

2.7 Confiança inter-organizacional como variável moderadora na relação entre a adoção de serviços de computação em nuvem e o desempenho da cadeia de abastecimento

A confiança é delicada na adoção de serviços em nuvem (Selvara & Sundararajan, 2017) e tem sido fundamental na materialização da época da nuvem (Tang etal, 2016). Além disso, é uma área recente de investigação académica que tem sido analisada em vários trabalhos de investigação e académicos (Lynn etal., 2016). Renomados teóricos da confiança referiram-se à confiança como um instrumento para lidar com o risco que provavelmente se acelera à medida que a necessidade de progresso tecnológico geralmente se acelera (Tang etal, 2016; Selvara & Sundararajan, 2017; Pattan & Mohammed (2015).

Selvara & Sundararajan, (2017) descrevem a confiança como uma associação subjectiva correlativa mensurável entre serviços que se afectam mutuamente, desejosos de funcionar de forma estável e fiável num contexto específico, num contexto preciso de um tempo determinado. Goel (2015) postula que a confiança depende dos parceiros envolvidos em qualquer transação. As empresas retalhistas de combustíveis têm muitas informações confidenciais, a transmissão de dados através da Internet é primária e depende da "confiança" entre o utilizador e o fornecedor dos produtos. Para que uma configuração de confiança interorganizacional seja viável, os actores devem estar universalmente comprometidos com os preceitos de confiança (Chiregi & Navimipour, 2017). Selvara e Sundararajan, (2017) observam diferentes variantes necessárias para que a confiança funcione corretamente. Aparentemente, a partir desses três aspectos diferentes, Pattan e Mohammed (2015) concluem que a instituição deve ter uma reputação verdadeira entre todas as partes interessadas. Um modelo de confiança considera todas as entidades que constituem um ambiente operacional para manter o entendimento mútuo que subsequentemente gera um padrão de confiança (Xie et al., 2016).

É considerada uma componente vigorosa para a adoção da computação em nuvem. (Chiregi e Navimipour, 2017). Acumularam-se alguns estudos académicos sobre a confiança. Por exemplo, Garrison et al. (2012) estudaram exaustivamente os fundamentos da medição da confiança na computação em nuvem, Chahal e Singh (2016) examinaram as cadeias de abastecimento de confiança com um olhar crítico sobre o valor competitivo das nuvens, e Liu, Rau e Wendler (2014) sugeriram a possibilidade de relações mútuas aprovadas para a adoção da computação em nuvem e descobriram que os indivíduos interdependentes se relacionam muito bem na construção da sua confiança do que os independentes. Com base na análise anterior, foi formulada a hipótese abaixo indicada:

Ho10: A confiança interorganizacional não modera a influência da adoção de serviços de computação em nuvem no desempenho da cadeia de abastecimento.

2.8 Afastamento de estudos anteriores e Lacunas

Lal e Bharadwaj (2016) adoptaram uma abordagem de entrevista em profundidade e utilizaram um questionário semiestruturado no seu estudo. A amostragem teórica foi utilizada em 21 organismos profissionais na Índia e os participantes eram CIO, CTO, chefes de TI e gestores de sistemas. Este estudo adoptou a abordagem de inquérito e a técnica de amostragem aleatória simples em 55 empresas retalhistas de combustíveis. Os inquiridos são gestores de terminais de combustível, gestores de logística/transporte, gestores de postos de venda a retalho de combustível e supervisores de venda a retalho de combustível.

Kung et al. (2015) utilizaram algumas empresas de produção selecionadas nos EUA e utilizaram trezentos e cinquenta questionários preenchidos, tendo provado que existe uma associação interaccional na intenção de adoção de SaaS de uma empresa. O presente estudo utilizou 55 empresas retalhistas de combustíveis, aplicando um questionário a duzentos e dois inquiridos e verificou a influência da adoção de serviços de computação em nuvem no

22

desempenho das empresas retalhistas de combustíveis.

Camara, et al. (2015) analisaram os efeitos da computação em nuvem no desempenho da empresa. Foram utilizadas 394 empresas em Espanha através de inquérito telefónico. Este estudo manteve a influência do serviço e utilizou a técnica de amostragem aleatória simples em 202 inquiridos através de um inquérito por questionário.

Liu et al (2016) estudaram o importante potencial da computação em nuvem em diferentes empresas, utilizando um questionário a 184 inquiridos na China. Para a análise dos dados, foi utilizada a análise PLS. Este estudo examinou a adoção de serviços de computação em nuvem em empresas de venda a retalho de combustíveis, utilizando um questionário a 202 inquiridos de empresas de venda a retalho de combustíveis no Estado de Rivers, na Nigéria, e a técnica de regressão foi utilizada para a análise dos dados.

Mais uma vez, as investigações académicas anteriores (por exemplo, Hui etal., 2010; Huang etal., 2011) e as recentes (por exemplo, Chen etal., Lal & Brahadwaj, 2016; Attaran, 2017) são alheias ao sector retalhista de combustíveis e ao contexto nigeriano, constituindo assim uma lacuna geográfica, em que não foi feita investigação suficiente ou nenhuma no local atual onde o investigador pretende realizar a sua investigação.

Por último, a maioria dos estudos neste domínio são exploratórios, descritivos ou baseados na nuvem e carecem de estudos empíricos. Trata-se de uma lacuna metodológica, uma vez que há uma tendência para a utilização de abordagens qualitativas em detrimento do método quantitativo, com a possibilidade de certos dados que só poderiam ser obtidos através da utilização do método quantitativo poderem ter sido perdidos.

As lacunas de conhecimento acima mencionadas foram identificadas no estudo e esta tese preencheu essas lacunas ao incorporar um sistema estruturado e altamente formalizado de alternativas de adoção de serviços de computação em nuvem (software, plataforma e infraestrutura) e desempenho da cadeia de abastecimento (flexibilidade do processo logístico, cumprimento de encomendas e partilha de informações). Guiado pela revisão da literatura, o quadro operacional na figura 2.3 foi concebido:

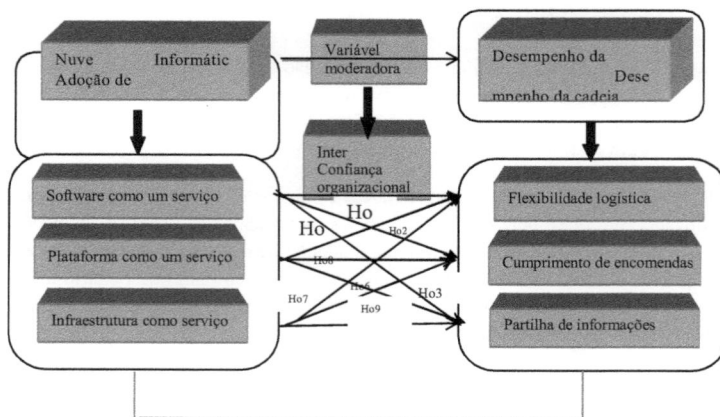

Figura 2.3: Quadro operacional da relação entre a adoção de serviços de computação em nuvem e o desempenho da cadeia de abastecimento.

Fonte: Pesquisa de gabinete do autor, 2019.

O quadro operacional ilustra a associação entre as dimensões de adoção de serviços de computação em nuvem e as medidas de desempenho da cadeia de abastecimento. O quadro ilustra uma relação funcional de influência entre as variáveis e as dimensões. Esta influência é moderada pela confiança inter-organizacional.

2.9 Resumo da literatura Revisão

A partir da revisão da literatura, o estudo desenvolveu a relação entre as dimensões de adoção de serviços de computação em nuvem (software como um serviço, plataforma como um serviço e infraestrutura como um serviço) e as métricas de desempenho da cadeia de abastecimento (flexibilidade do processo logístico, cumprimento de encomendas e partilha de informações) que deram origem ao nosso quadro operacional. O estudo também analisou a literatura sobre estudos empíricos anteriores relacionados com as variáveis em estudo e, por fim, desenvolveu um quadro operacional das variáveis em causa.

CAPÍTULO 3 INVESTIGAÇÃO METODOLOGIA

A metodologia de investigação descreveu a forma como a investigação foi efectuada. Harmoniza as secções sobre a conceção da investigação, a população do estudo, a amostra e o processo de amostragem, a medição das variáveis, a validade do instrumento de investigação, a fiabilidade do instrumento de investigação e a forma como a informação foi recolhida e analisada.

3.1 Investigação Conceção

A conceção da investigação é uma estrutura concetual de base que trata a unilateralidade, numa tentativa de fazer avançar a descoberta da verdade. Foi utilizado o método causal, que visa comprovar a existência ou inexistência de um serviço que pressagia as mudanças no desempenho da cadeia de abastecimento. Foi utilizada a ontologia positivista, uma vez que o estudo procura gerar a realidade através do dualismo. A pesquisa survey foi utilizada como método de coleta de dados primários (Cooper & Schindler 2014). Além disso, o estudo adopta a abordagem ou metodologia de investigação quantitativa (Adamides et al., 2012), ou seja, a metodologia nomotética, que permite a utilização de questionários. A natureza do cenário ou ambiente de investigação é um cenário não artificial ou natural e o nível de controlo que o investigador tem sobre os elementos do cenário de investigação, os sujeitos do estudo e o método de recolha de dados é um controlo parcial ou um controlo não completo.

3.2 População do estudo

A população-alvo do estudo é constituída por todas as empresas de comercialização de petróleo a retalho na Nigéria, popularmente conhecidas como os Comerciantes Independentes que vendem gasolina (PMS), gasóleo (AGO) e lubrificantes para motores (ML) com um número mínimo de funcionários entre cem e duzentos, tanto na categoria sénior como júnior, enquanto a população acessível envolve todas as cinquenta e cinco (55) empresas de comercialização de petróleo a retalho registadas na Direção de Registo Comercial do Departamento Comercial, Port Harcourt. As empresas de comercialização de petróleo a retalho foram escolhidas porque constituem a indústria mais abrangente e vigorosa da Nigéria, com um elevado nível de aplicabilidade ao estudo destes conceitos. Além disso, é o grupo mais substancial visível no canal de distribuição de petróleo e gás a jusante da Nigéria, com uma enorme cobertura em todo o país (Anyanwu et al., 2011).

3.3 Amostragem e amostra Tamanho

Ribus, Leiras e Hamacher (2011), afirmam que a representatividade é a reflexão mais significativa na seleção de uma amostra. Ritchie et al. (2014) observa que a amostra aplicável é importante em circunstâncias peculiares de cada projeto de investigação. Sekaran e Bougie (2013) afirmam que a recolha de dados a partir de uma amostra que representa toda a população é uma preferência lógica quando há inibições de tempo, de orçamento e não é prático estudar toda a população. A estrutura da amostra constitui os componentes distintos da população que dá origem à amostra (Ritchie et al., 2014). Por conseguinte, a dimensão da amostra deste estudo constitui 55 empresas de comercialização de petróleo a retalho no Estado de Rivers. O método de amostragem aleatória simples foi utilizado para escolher quatro funcionários-chave de cada uma das 55 empresas de comercialização de petróleo a retalho de interesse. Por conseguinte, foram reunidos 220 inquiridos-chave para o estudo. A abordagem dos inquiridos-chave permitiu ao estudo recolher dados de Gestores de Terminais, Gestores de Transportes/Logística, Gestores de Postos de Venda de Petróleo a Retalho e Supervisores de Postos de Venda de Petróleo a Retalho, sobre informações relacionadas com o constructo em estudo. Cada empresa recebeu quatro cópias do questionário, o que perfaz um total de 220 cópias reproduzidas do questionário. Os cargos e os antecedentes dos inquiridos foram verificados para garantir que estes inquiridos-chave respondem às perguntas.

3.4 Medição de Variáveis

As dimensões e medidas relacionadas são delineadas nesta secção. No total, foram avaliados trinta e cinco itens.

Tabela 3.1: Medição das variáveis

Investigação Construir	Variável	Código da variável	Número de Itens/Questões
	Flexibilidade do processo logístico	L P F	4
Cadeia de fornecimento Desempenho	Cumprimento das encomendas	OF	4
	Partilha de informações	IS	4
	Desempenho da cadeia de abastecimento	SCP	4
	Software como um serviço	SaaS	5
Nuvem Informática	Plataforma como um serviço	PaaS	5
	Infraestrutura como serviço	IaaS	5
Moderar Variável	Confiança inter-organizacional	IOT	4
	Total		**35**

Fonte: Conceituado pelo Pesquisador, 2019

Adoção de serviços de computação em nuvem

Essas variáveis de adoção de serviços de computação em nuvem foram dadas, o número de perguntas de acordo com os tipos de serviço com base no trabalho de Chen et al. (2016). Cinco das perguntas eram sobre software como serviço, cinco sobre plataforma como serviço e cinco sobre infraestrutura como serviço.

Desempenho da cadeia de abastecimento

Esta secção examina várias medidas do indicador de desempenho da cadeia de abastecimento, tal como compiladas na literatura existente: flexibilidade do processo logístico e cumprimento das encomendas e partilha de informações. Estas medidas são bem suportadas em estudos anteriores (Ribas et al., 2011; Wang et al., 2013; Silvestro & Lustrato, 2014). As fontes destes indicadores também foram listadas, ilustrando as variáveis de adoção de serviços de computação em nuvem existentes no que diz respeito à flexibilidade do processo logístico, ao cumprimento das encomendas e à partilha de informações. Foram utilizadas dezesseis (16) questões para os construtos do estudo.

Desempenho da cadeia de abastecimento	Fontes
Flexibilidade do processo logístico	Mihi-Ramirez et al. (2012)
Cumprimento de encomendas	Misra e Sharan (2014)
Partilha de informações	Barratt e Oke (2007)

Fonte: Revisão da Literatura, 2019

3.5: Validade do instrumento de investigação

Roben (2011) define este conceito como um método para averiguar a exatidão da medida anteriormente afirmada. Ritchie et al. (2014) corroboram afirmando que o conceito em estudo envolve todos os aspectos do mesmo. A validade interna e a validade externa são dois tipos de validade (Tichapondwa, 2013). A validade das escalas adoptadas neste estudo passou pela validade de conteúdo e de construção. Isto foi assegurado através das seguintes acções: O instrumento de inquérito foi submetido às validades de conteúdo e de construção facial, através da exposição do instrumento à visão aberta e à aprovação dos supervisores da tese e ao exame dos colegas, a fim de garantir que a declaração levantada representa adequadamente as suas intenções.

3.6: Fiabilidade do instrumento de investigação

A consistência interna foi realizada no instrumento através do Alfa de Cronbach, para averiguar cientificamente o resultado dos instrumentos que descrevem factores/construtos, conforme consignado por Ahiazu (2006).

Após a verificação das cópias reproduzidas do questionário distribuído, a escala de fiabilidade foi subsequentemente investigada através do cálculo do coeficiente alfa da variável (alfa de Cronbach). Verificou-se que todas as escalas ultrapassaram o valor mínimo admissível de 0,7.

Tabela 3.2 Medida de adoção de serviços de computação em nuvem e desempenho da cadeia de abastecimento (n=202)

Escala	Dimensão	Artigos	Fiabilidade
SaaS	Software como um serviço	5	0.924
PaaS	Plataforma como um serviço	5	0.957
IaaS	Infraestrutura como serviço	5	0.973
LPF	Flexibilidade do processo logístico	4	0.885
OF	Cumprimento de encomendas	4	0.962
IS	Partilha de informações	4	0.954
SCP	Desempenho da cadeia de abastecimento	4	0.897
IOT	Confiança inter-organizacional	4	0.947

Fonte: SPSS Output, 2019.

A Tabela 3.2 apresenta um resumo da adoção de serviços de computação em nuvem e do desempenho da cadeia de abastecimento. O teste de fiabilidade de dimensões e medidas individuais também foi incluído e foi utilizado para investigar a adoção de serviços de computação em nuvem e de empresas de comercialização de petróleo a retalho. A influência da adoção de serviços de computação em nuvem no desempenho da cadeia de abastecimento

28

O desempenho da cadeia de abastecimento foi operacionalizado utilizando o software como serviço (.924) com uma avaliação de 5 pormenores; a plataforma como serviço (.952) com uma avaliação de 5 pormenores; a infraestrutura como serviço (.973) com uma medida de 5 pormenores; a flexibilidade do processo logístico (885) com um pormenor de 4 itens; o cumprimento das encomendas (.962) com uma medida de 4 pormenores; a partilha de informações (.954) com uma medida de 4 pormenores, o desempenho da cadeia de abastecimento (897) com uma medida de 4 pormenores e a confiança interorganizacional (.947).

3.7 Métodos de recolha de dados

A tese utilizou fontes primárias e secundárias como métodos úteis para a recolha de dados. Através destes processos, os dados primários foram recolhidos através da distribuição de cópias de questionários organizados que foram considerados como verdadeiros meios de recolha de dados, enquanto as fontes secundárias foram recolhidas através de fontes contemporâneas sob a forma de livros de texto, revistas, boletins informativos, etc.

Foi concebido um instrumento de investigação com base nas variáveis do estudo para gerar os dados considerados necessários para as empresas de comercialização de petróleo a retalho. Assim, foram envolvidos um gestor de terminal, um gestor de transportes/logística, um gestor de posto de abastecimento de petróleo e um supervisor de posto de abastecimento de petróleo em 55 empresas de comercialização de petróleo a retalho.

O questionário estava dividido em quatro partes. As perguntas da Parte 1 identificavam os inquiridos do estudo; as Partes 2, 3 e 4 cobriam as variáveis do estudo. O instrumento foi entregue em mão. O instrumento de investigação foi construído a partir de medidas de estudos anteriores. Os inquiridos forneceram informações sobre um conjunto de práticas relacionadas com a adoção de serviços de computação em nuvem e o desempenho atual da cadeia de abastecimento da sua empresa.

3.8 Método de dados Análise

Esta foi classificada da seguinte forma:

3.8.1 Primário

As variáveis foram apresentadas sob a forma de tabelas, gráficos de pizza, gráficos de barras e gráficos que mostram frequências, percentagens, pontuações médias, desvios-padrão, variâncias, etc. (Bordens & Abbott, 2002). Utilizando estatísticas univariadas, o estudo descreveu as caraterísticas de uma amostra ou a relação entre variáveis (Rubin & Babbie, 2001).

3.8.2 Secundário

A análise estatística inferencial avaliou as hipóteses enunciadas e a análise envolveu o seguinte

(i). Regressão simples: - Utilizada para medir o impacto da adoção de serviços de computação em nuvem no desempenho da cadeia de abastecimento.

(ii). Regressões múltiplas: - Utilizadas para medir o impacto combinado das dimensões de adoção de serviços de computação em nuvem no desempenho da cadeia de abastecimento. Neste caso, foi utilizada uma seleção por etapas para testar a colinearidade entre as variáveis independentes num coeficiente de regressão, medindo as variáveis ao nível do intervalo ou da relação da(s) variável(eis) dependente(s) (Hair et al., 2000). Além disso, testámos a multicolinearidade entre a variável independente (X1) no seu poder explicativo ou preditivo. Isto foi observado na matriz de correlação simples e no fator de inflação da variância.

(iii) Método de Regressão Stepwise: - foi utilizado para testar o efeito da variável moderadora - confiança interorganizacional - nas variáveis independentes e dependentes.

3.8.3 Terciário

O nível terciário envolveu a interpretação dos resultados quantitativos para chegar a resultados integrados, discussões, conclusões e recomendações, incluindo aspectos de estudos futuros.

3.9 Modelo Especificação

Esta secção especifica o seguinte modelo para orientar o estudo:

SCP = f (SaaS, PaaS, IaaS)..1

Onde

SCP = Desempenho da cadeia de
abastecimento SCP = LPF, OF,
IS

SaaS=PaaS=IaaS= Adoção de serviços de computação em
nuvem Portanto,

LPF= f (SaaS, PaaS,
IaaS) OF= f (SaaS, PaaS,
IaaS) IS= f (SaaS, PaaS,
IaaS)

A equação acima é transposta para a forma econométrica através da adição do termo constante (β) e do termo de erro (E) no modelo abaixo:

SCP= f (SaaS, PaaS, IaaS)

SCP= $\beta0 + \beta1SaaS + \beta2PaaS + \beta3IaaS$ -------------------------- +e2

LPF= $\beta0 + \beta1SaaS + \beta2PaaS + \beta3IaaS +$ ------------------------ e3

OF= $\beta0 + \beta1SaaS + \beta2PaaS + \beta3IaaS +$ ----------------------- e4

IS = $\beta0 + \beta1SaaS + \beta2PaaS + \beta3IaaS +$ ------------------------ e5

A forma matemática do modelo é:

LPF= $\beta0 + \beta1SaaS + \beta2PaaS +$
$\beta3IaaS$ OF = $\beta0 \beta1SaaS + \beta2PaaS +$
$\beta3IaaS$

30

IS= β0 + β1SaaS + β2PaaS +
β3IaaS Em que:
SCP = Desempenho da cadeia de
abastecimento SaaS = Software
como serviço PaaS = Plataforma
como serviço IaaaS =
Infraestrutura como serviço
LPF = Logistics Process Flexibility
OF= Order Fulfillment
SI   = Partilha de informações
β0= Interceção
β1 β2 = Coeficiente das variáveis preditoras
e= termo de erro
Foram especificados três (3) modelos econométricos.

Modelo 1: Dimensões da adoção de serviços de computação em nuvem e flexibilidade do processo logístico A representação funcional do modelo 1 é dada por
LPF = f(CCSAD, IOT, CCSAD*IOT)   3.1
Onde;
LPF= Flexibilidade do processo logístico
CCSAD= Dimensão da adoção de serviços de computação em
nuvem IOT= Confiança interorganizacional
CCSAD*SCP = A interação entre as dimensões de adoção de serviços de computação em nuvem e a confiança interorganizacional
Modelo 2: Dimensões da adoção de serviços de computação em nuvem e cumprimento
de encomendas O modelo 2 é especificado da seguinte forma
OF = f (CCSAD, IOT, CCSAD*IOT)   3.2
Onde;
OF = Order Fulfillment das empresas da amostra do estudo
CCSAD= Cloud Computing Service Adoption Dimensions
IOT= Interorganizational Trust
CCSAD*IOT= A interação entre as dimensões de adoção de serviços de computação em nuvem e a confiança interorganizacional

Modelo 3: Dimensões da adoção de serviços de computação em nuvem e partilha de informações A representação funcional do modelo 3 é dada por:
IS = f (CCSAD, IOT, CCSAD*IOT)   3.2
Onde;
IS = Partilha de Informação das empresas da amostra do
estudo CCSAD= Dimensões de Adoção de Serviços de
Computação   em   Nuvem   IOT=   Confiança
Interorganizacional
CCSAD*IOT= A interação entre as dimensões de adoção de serviços de computação em nuvem e a confiança interorganizacional

Expectativa Apriori

A partir das prescrições teóricas, espera-se que a adoção de serviços de computação em nuvem como instrumento decrescimento e motor de adoção, representado pelo software como serviço, pela plataforma como serviço e pela infraestrutura como serviço, afecte positivamente o desempenho da cadeia de abastecimento (flexibilidade do processo logístico, cumprimento das encomendas e partilha de informações).

CAPÍTULO 4 APRESENTAÇÃO E ANÁLISE DOS DADOS

Com a utilização de um desenho de inquérito e 55 empresas de comercialização de petróleo a retalho no Estado de Rivers, os dados foram gerados, apresentados e analisados, com a análise a ancorar a disseminação e a recuperação do questionário, a demografia dos inquiridos, a descrição, a limpeza dos dados e a bivariância.

4.1 : Distribuição e recolha do questionário

Através de uma variável de 35 medidas, foram recolhidos os dados das variáveis e apresentados de seguida.

Tabela 4.1: Distribuição e recolha do questionário dos participantes

S/n	Caraterísticas do questionário	Quantidade disponível	Percentagem%
1.	Número total de exemplares produzidos e distribuído	220	100
2.	Cópias devolvidas (recebidas)	212	96.4
3.	Exemplares não devolvidos (não recebidos)	8	3.6
4.	Cópias devolvidas (recebidas)	212	100
5.	Cópias utilizáveis	202	95.3
6	Inutilizável (descartado)	10	4.7
	Taxa de utilização	$\frac{200100}{285}$ x $\frac{}{1}$	95.3

Fonte: Trabalho de campo (2019).

Para apresentar uma resposta exequível dos participantes no estudo, o resultado das suas respostas foi organizado em três secções distintas. Foram distribuídas 220 cópias reproduzidas do questionário aos inquiridos deste estudo, tendo sido entregues 212 cópias, o que corresponde a 96,4% de cumprimento. 8 dos exemplares inicialmente distribuídos não foram entregues e não foram explicados. De qualquer modo, a taxa de conformidade de 96,4% é considerada projectada, uma vez que excede a taxa de resposta mais baixa de 70% permitida, de acordo com a insinuação de Cooper e Schindler (2014).

Para além disso, nos 212 questionários distribuídos reproduzidos, os exemplares disponíveis ascenderam a 202, o que corresponde a uma estimativa de resposta de 95,3%. No entanto, 4,7% (10 exemplares) não foram envolvidos nesta investigação incorrecta e não têm qualquer consequência.

Além disso, a estimativa de utilização revelou 202 questionários distribuídos reproduzidos recuperados e disponíveis, o que simboliza 95,3% da totalidade dos questionários distribuídos reproduzidos. Por conseguinte, foram utilizados 202 exemplares de questionários distribuídos reproduzidos para a análise da tese.

4.2 Avaliação demográfica dos participantes do sítio

É importante salientar que os participantes foram analisados demograficamente para fundamentar e verificar o grau de experiência dos participantes no tópico considerado.

Tabela 4.2: Avaliação demográfica dos participantes (n-202)

S/n	Factores	Frequências	%	S/N	Factores	Frequências	%
1.	Género Mascu lino Femini no	127 75	62.9 37.1	4	Qualificações académicas		
					SSCE/OND	50	24.8
2.	Idade Suporte				HND/BSC	83	41.1
	18-27	33	16.3		MBA/MSc	56	27.7
	28-37	72	35.6		Doutoramento	12	5.4
	38-47	58	28.7	5.	Anos de atividade		
	48 anos ou mais	39	19.3		1-10 anos	110	54.5
					11-20 anos	55	27.2
3	Casal Estado				21-30 anos	10	5.0
	Casado	106	52.5		31 anos ou mais	27	13.4
	Individua l	84	41.6		Inquiridos Título		
	Viúva	8	4.0		FuelRetailTerminal Diretor	51	25.2
	Divorciad o	4	2.0		Gestor de transportes/logística	49	24.3
					Gestor de postos de abastecimento de combustível	50	24.8
					Posto de abastecimento de combustível Supervisor	52	25.7

Fonte: Dados do inquérito, 2019.

A avaliação demográfica dos participantes consiste no sexo, idade, estado civil, habilitações literárias, anos de atividade e título dos inquiridos nas empresas retalhistas de combustíveis no Estado de Rivers.

4.2.1 : Género dos participantes em

Do total de inquiridos, 127 (62,9%) homens responderam ao instrumento de inquérito e 75 (37,1%) mulheres participaram no estudo.

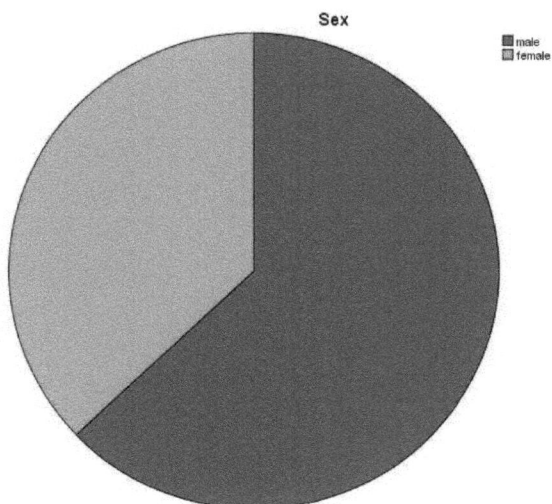

Figura 4.1: Género dos participantes (n=202)

O pessoal masculino das empresas de comercialização de petróleo a retalho inquiridas participou mais no estudo.

4.2.2 : Idade de Participantes

Os participantes que participaram no estudo foram agrupados de acordo com a classificação etária de 18-27 anos, 2,28-37 anos, 38-47 anos e 48 anos ou mais.

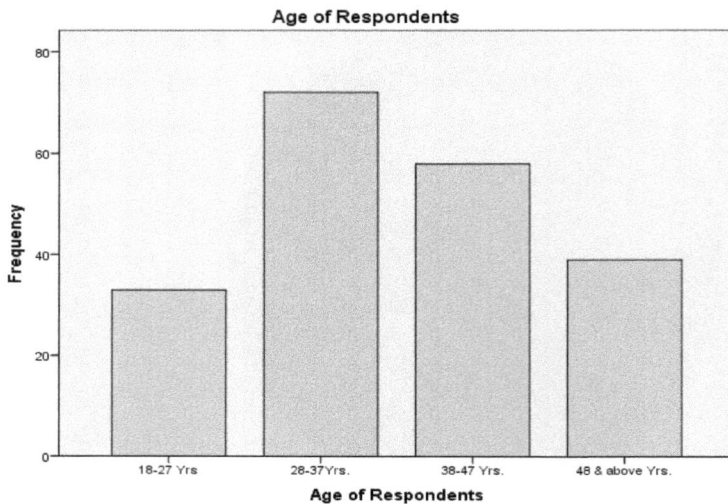

Figura 4.2: Idade dos participantes (n=202)

72 participantes foram classificados com idades compreendidas entre os 28 e os 37 anos, o que representa o maior número de participantes. Os participantes com idades compreendidas entre os 38 e os 47 anos obtiveram o segundo resultado mais elevado, enquanto 39 dos participantes com 48 anos ou mais obtiveram o terceiro resultado mais elevado. Por último, 33 participantes tinham idades compreendidas entre os 18 e os 27 anos.

4.2.3 : Participantes Estado civil

O estudo captou quatro estados civis neste estudo, incluindo 106 inquiridos casados (52,5%), 84 solteiros (41,6%), 8 viúvos (4,0%) e 4 divorciados (2,0%).

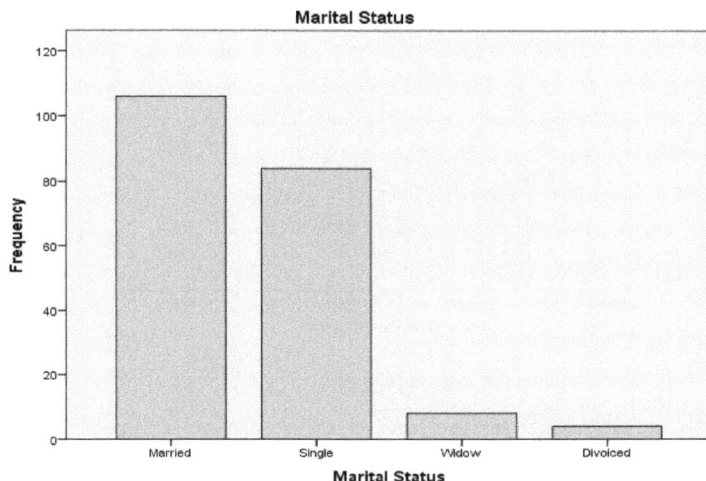

Figura 4.3: Estado civil dos inquiridos (n=202)5555555555555555

Os quatro estados civis capturados, 106 representando (52,5%) dos participantes são casados, 84 (41%) dos participantes são solteiros, 8 (4,0%) dos participantes são viúvos, enquanto 4
(2,0%) são divorciados.

4.2.4 : Educação Qualificação

O estudo também captou quatro categorias de habilitações literárias, que incluem 50 titulares de Certificado de Ensino Secundário Sénior/Diploma Nacional (24,8%), 83 titulares de Diploma Nacional Superior/Bacharelato em Ciências (41,1%), 56 titulares de Mestrado em Gestão/Mestrado em Ciências (27,7%) e 13 titulares de Doutoramento em Filosofia (6,4%).

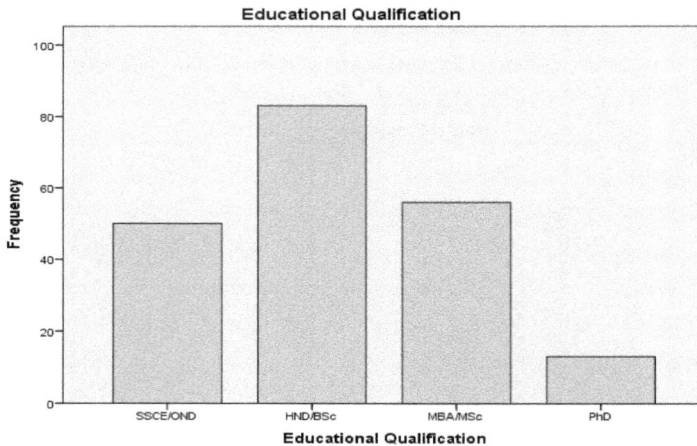

Educational Qualification

Figura 4.4: Habilitações literárias dos inquiridos (n=202).

As categorias com HND/BSC responderam mais ao questionário de investigação, seguidas pelos titulares de diplomas de MBA/MSc. Os titulares de certificados SSCE/OND foram os terceiros que mais responderam aos instrumentos, enquanto a menor taxa de resposta veio dos titulares de doutoramento. Assim, a amostra era composta por pessoas com habilitações académicas díspares.

4.2.5 : Anos de atividade dos participantes em

Os anos de atividade dos inquiridos são apresentados na tabela 4.2 e mostram que 110 (54,5%) dos participantes trabalharam durante 1-10 anos nas suas empresas, 55 (27,2%) trabalharam nas suas várias empresas durante 11-20 anos, 10 (5,0%) trabalharam durante 21-30 anos, e 27 (13,4%) trabalharam durante 31 e mais anos nas suas várias empresas.

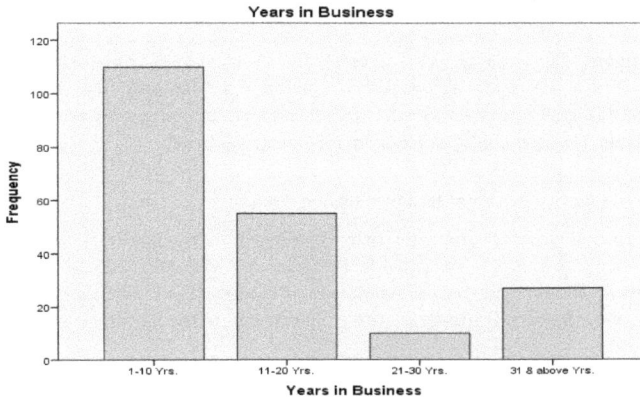

Figura 4.5: Anos de atividade dos inquiridos (n=202).

4.2.6. Inquiridos Título

O título dos inquiridos inclui 51 gestores de terminais de gasolinas a retalho (25,2%) que responderam ao questionário, 49 gestores de transportes/logística (24,3%) responderam ao questionário, 50 gestores de estações de serviço a retalho (24%) participaram no estudo, 52 supervisores de estações de serviço a retalho (25,7%) foram sujeitos do estudo.

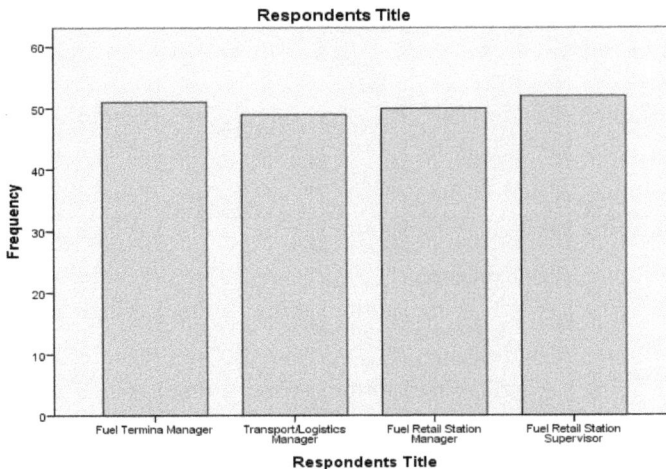

Figura 4.6: Título dos inquiridos (n=202).

4.3 Análise das questões de investigação

As relações descritivas das variáveis são apresentadas nesta secção. As questões de investigação um, dois e três estão agrupadas no Quadro 4.3, enquanto a questão de investigação quatro foi apresentada no Quadro 4.4. A essência destes agrupamentos é a interação das variáveis. Nwokah (2006) utilizou um método semelhante.

4.3.1 Componentes do serviço de computação em nuvem Adoção

Os resultados descritivos da interação entre as componentes de adoção de serviços de computação em nuvem (SaaS, PaaS e IaaS) e o SCP exprimem o efeito do SaaS, do PaaS e do IaaS no SCP através da diferença média. As diferenças médias entre o SaaS, o PaaS e o IaaS e o SCP são elevadas e significativas, o que indica que a adoção de serviços de computação em nuvem.

Tabela 4.13. Componentes Nuvem Serviço informático Adoção e Cadeia de Desempenho (n=202)

	SaaS	PaaS	IaaS	SCP
Média	21.72	21.16	19.04 1	11.84
Desvio padrão	.270	.329	.401	.257 .
Variância3	,834		5.695	3.647
Assimetria14	,701	4.671	32.436	13.298
Erro padrão de 1 ,612		21.819	-438	.680
Skewnes	.171	-1.391 .171	.171 - .	.171
Soma	4387	4275	2392	3846

Fonte: SPSS Output, 2019.

Notas: SaaS=Software PaaS
                =
                Plataforma
                IaaS=Infraestrutura
                SCP= Desempenho da cadeia de abastecimento

O software como serviço obteve um valor médio (21,72) análogo ao da plataforma como serviço e da infraestrutura como serviço, que têm valores médios (21,16 e 19), respetivamente. A pontuação média do desempenho da cadeia de abastecimento (11,84), das infra-estruturas como serviço (19,04), da plataforma como serviço (21,16) e do software como serviço (21,72) apresenta diferenças racionais. O erro padrão da média apresentado insinua uma adoção harmoniosa dos serviços de computação em nuvem em relação ao desempenho da cadeia de abastecimento. O erro padrão da média é SaaS (.270), PaaS (.329), IaaS (.401) desempenho da cadeia de abastecimento (.257). Os seus desvios-padrão são também coerentemente significativos com o software como serviço (3,834), a plataforma como serviço (4,671), a infraestrutura como serviço (5,695) e o desempenho da cadeia de abastecimento (3,647). O IF insinua uma variação significativa com 32,436 do que a PaaS com 21,819 e a SaaS com 14,701. A soma e a média, tal como descritas na análise, permitem-nos articular que a ênfase das empresas de comercialização de petróleo a retalho numa operação bem sucedida resulta da elevada consideração do SaaS como uma solução alcançável que pode gerar vários benefícios para as empresas com resultados analíticos profundos.

4.3.2. Confiança interorganizacional e desempenho da cadeia de abastecimento

Os resultados descritivos utilizaram as diferenças médias das variáveis e mostram que a diferença média entre elas é elevada e significativa.

Tabela 4.4: Confiança interorganizacional e desempenho da cadeia de abastecimento (n=202)

	IOT	SCP
	15.50	11.34
Erro Std. da média	.288	.257
Desvio Std. Desvio	4.021	3.647
Desvio	16.172	13.298
Skewness	-1007	-680
Erro padrão da assimetria	.171	.171
Sum31302392		

Fonte: SPSS Output, 2019.
Nota: IOT = Confiança Interorganizacional

4.4 Teste estatístico de Hipóteses

Este trabalho está centrado no estabelecimento de relações entre as variáveis (Bordens & Abbott, 2002). A regressão simples foi utilizada na análise. Esta tem como objetivo identificar a natureza da previsão das variáveis preditoras sobre as variáveis critério. Utilizámos os gráficos de dispersão para estabelecer este objetivo. No entanto, as hipóteses alternativas foram enunciadas, seguidas dos resultados do teste apresentados sob a forma de tabelas e das discussões subsequentes.

4.4.1 : Teste de hipóteses Um

Ho1: O software como serviço não influencia significativamente a flexibilidade do processo logístico.

Tabela 4.5. Modelo de regressão para a adoção de software e a flexibilidade dos processos logísticos

		Praça R	Ajustado Quadrado	R erro std d o Estimativa e
1	.956 ª	.915	.914	.958

a. Preditores: (Constante), Software como um serviço
Adoção
b. Variável Dependente: Processo Logístico
Flexibilidade

Fonte: SPSS Output, 2019.

A soma da flexibilidade do processo logístico foi regredida com a soma da adoção de software como um serviço. O valor de R é 0,956. O valor R de 95,6% representa a correlação entre a adoção de software como serviço e a flexibilidade dos processos logísticos. Representa uma correlação muito forte entre o software como serviço e a flexibilidade do processo logístico. O R2 é de 0,915. Isto significa que 91% da mudança na flexibilidade do processo logístico é explicada pela variável independente. Isto mostra que a adoção de software como serviço contribui em 91% para cada alteração na flexibilidade do processo logístico, enquanto 0,8% das alterações não são esclarecidas.

Tabela 4.6: ANOVA para Adoção de Software como Serviço e Flexibilidade do Processo Logístico

		Soma de quadrados	Df	Média quadrado	F	Sig. 000ᵇ
1	Regressão	1959.262	1	1959.262	2145.274	
	Residual	182.658	200	.913		
	Total	2141.921	201			

a. Variável dependente: Flexibilidade do processo logístico
b. Preditores: (Constante), Software como um serviço.
Fonte: SPSS Output, 2019.

A adequação do modelo também pode ser esclarecida pelo valor 2145,274, (F-ratio) em $p <$ 0,05. Isto implica que existe evidência para extrapolar que a adoção de software como serviço está linearmente relacionada com a flexibilidade do processo logístico. Isto propõe que o modelo é medido para ser ajustado e que a adoção de software como um serviço tem uma influência substancial.

Tabela 4.7: Coeficientes de adoção de software como serviço e logística

	Coeficientes não padronizados		Coeficientes padronizados		
Modelo	B	Erro padrão	Beta	T	Sig.
Constante	-665	.388		-1.429	.000
SaaS	.814	.018	.956	46.317	.000

a. Variável Dependente: Flexibilidade do Processo Logístico
Fonte: SPSS Window Output, 2019.

O modelo ilustra que: Flexibilidade do Processo Logístico = -665 + 0,814 adoção de software como serviço. Para uma determinada unidade de adoção de software como serviço, a flexibilidade do processo logístico aumenta em 0,814. O resultado revela que o software como serviço está significativamente correlacionado com o processo logístico a 1% (p = 0,01), enquanto o vârbeta e o valor t da variável independente são 0,956 e 46,317, respetivamente. Isto implica que a adoção de software como serviço provoca um aumento (positivo) da flexibilidade do processo logístico.

Decisão:

Ho1 A adoção de software como um serviço não influencia significativamente a flexibilidade do processo logístico, é rejeitada (P-value < 0,05), e a hipótese alternativa, que afirma que a adoção de software como um serviço influencia significativamente a flexibilidade do processo logístico, é aceite. Portanto, o estudo pode concluir que a adoção de software como um serviço influencia significativamente a flexibilidade do processo logístico.

4.4.2 : Teste de hipóteses Dois

Ho2: A adoção de software como um serviço não influencia significativamente o cumprimento das encomendas.

Tabela 4.8. Modelo de Regressão para Adoção de Software como Serviço e Cumprimento de Encomendas

Modelo R	Praça R	Quadrado	R erro std d o Estimativa e
1 .962 ª	.925	.925	1.146

a. Preditores: (Constante), Adoção de software como serviço

b. Variável dependente: Cumprimento das encomendas

Fonte: SPSS Output, 2019.

A soma do cumprimento das encomendas foi regredida com a soma da adoção de software como serviço. O valor de R é 0,962. O valor R de 96% representa a correlação entre a adoção de software e o cumprimento das encomendas. Representa uma correlação muito

43

forte entre as duas variáveis. O R2 é de 0,925. Isto significa que 92% da alteração no cumprimento das encomendas é explicada pela variável independente. Isto mostra que a adoção de software como serviço contribui em 92% para todas as alterações no cumprimento das encomendas, enquanto 0,8% das alterações não são esclarecidas.

Tabela 4.9: ANOVA Adoção de Software como Serviço e Cumprimento de Encomendas

	Modelo	Soma de quadrados	Df	Média quadrado	F	Sig. 000b
1	Regressão	3261.459	1	3261,459	2481.910	
	Residual	262.818	200	1.314		
	Total	3524.299	201			

a. Variável dependente: Cumprimento das encomendas
b. Preditores: (Constante), Software as a Service
Fonte: SPSS Output, 2019.

A adequação do modelo também pode ser esclarecida pelo valor 2481,910 (F-ratio), com p < 0,05. Isto implica que há evidências para extrapolar que a adoção de software está linearmente relacionada com o cumprimento das encomendas. Isto propõe que o modelo é medido para ser ajustado e que a adoção de software como um serviço tem uma influência substancial no cumprimento das encomendas

Tabela 4.10: Coeficientes de Adoção de Software e Cumprimento de Encomendas

Modelo	B	Erro Std.	Beta	T	Sig.
Constante	-6.985	.465		-15.020	.000
SaaS	1.051	.021	.962	49.819	.000

a. Variável dependente: Cumprimento das encomendas

Fonte: SPSS Window Output, 2019.

O modelo ilustra que: Order Fulfillment = -6.985 + 1,051 adoção de software como serviço. Para uma determinada unidade da adoção de software como um serviço, o cumprimento das encomendas aumenta em

1.051. O resultado revela que o software como serviço está significativamente correlacionado com o cumprimento das encomendas a 1% (p = 0,01), enquanto o valor beta e o valor t da variável independente são 0,962 e 49,819, respetivamente. Isto implica que a adoção de software como serviço provoca um aumento (positivo) do cumprimento das encomendas.

Decisão:
H_{o2}: O software como um serviço não influencia significativamente o cumprimento das encomendas é rejeitado (p<0,05) e a hipótese alternativa, que afirma que o software como um serviço influencia significativamente o cumprimento das encomendas, é aceite. Portanto, o estudo pode concluir que a adoção de software como serviço influencia

significantemente o cumprimento das encomendas.

4.4.3 : Teste de hipóteses Três

Ho3: O software como serviço não influencia significativamente a partilha de informações.

Tabela 4.11. Modelo de Regressão de Software como Serviço e Partilha de Informação

Modelo R	Praça R	Quadrado	R erro std d a Estimativa e
1 .911 [a]	.830	.829	1.643

a. Preditores: (Constante), Software as a Service
Adoção
b. Variável dependente: Partilha de informação
Fonte: SPSS Output, 2019.

A soma da partilha de informações foi regredida com a soma da adoção de software como serviço. O valor de R da adoção de software como serviço é de 0,911. O valor R de 91% representa a correlação entre a adoção de software como um serviço e a partilha de informações. Representa uma correlação muito forte entre as duas variáveis. O R^2 é de 0,830. Isto significa que 83% da alteração na partilha de informações é explicada pela variável independente. Isto mostra que a adoção de software como um serviço contribui com 83%, enquanto 0,17% das alterações não são esclarecidas.

Tabela 4.12: ANOVA para Adoção de Software como Serviço e Partilha de Informação

		Soma de quadrados	Df	Média quadrado	F	Sig. 000 [b]
1	Regressão	2637.383	1	2637.388	977.117	
	Residual	539.829	200	2.699		
	Total	3177.213	201			

b. Preditores: (Constante), Adoção de Software como Serviço

Fonte: SPSS Output, 2019.

A adequação do modelo também pode ser esclarecida pelo valor 2481,910 (F-ratio), com p < 0,05. Isto implica que existem provas para extrapolar que a adoção de software como um serviço está linearmente relacionada com a partilha de informações. Isto propõe que o modelo é considerado adequado e que a adoção de software como serviço tem uma influência substancial na partilha de informações.

Tabela 4.13: Coeficientes de adoção de software como serviço e partilha de informações

Modelo	B	Coeficientes não padronizados		Coeficientes padronizados	
		Erro Std.	Beta	T	Sig.
Constante	-6.985	.465		-15.020	.000
SaaS	1.051	.021	.962	49.819	.000

a. Variável dependente: Partilha de Informação
Fonte: SPSS Output, 2019.

O modelo ilustra que: Partilha de Informação = -6.985 + 1.051 Software. Para uma determinada unidade de adoção de software como serviço, a Partilha de Informações aumenta em 1,051. O resultado revela que o software está significativamente correlacionado com a partilha de informações com base em 1% ($p = 0,01$), enquanto o valor beta e o valor t do software como serviço são 0,962 e 49,819, respetivamente. Isto implica que a adoção de software como serviço provoca um aumento (positivo) da partilha de informações.

Decisão:

Ho3: A adoção de software como serviço não influencia significativamente a partilha de informações, é rejeitada ($p<0,05$), e a hipótese alternativa, que afirma que a adoção de software como serviço influencia significativamente a partilha de informações, é aceite. Por conseguinte, o estudo pode concluir que a adoção de software como serviço influencia significativamente a partilha de informações.

4.4.4 : Teste de hipóteses Quatro

Ho4: A plataforma como um serviço não influencia significativamente a flexibilidade do processo logístico.

Tabela 4.14. Modelo de regressão para a adoção de plataformas como serviço e flexibilidade do processo logístico

Modelo R	Praça R	Ajustado Quadrado	R erro std d o Estimativa e
1 .766 ª	.587	.585	2.104

a. Preditores: (Constante), Adoção da
Plataforma como um Serviço
b. Variável dependente: Logística
Flexibilidade de
processos
Fonte: SPSS Output, 2019.

A soma da flexibilidade do processo logístico foi regredida com a soma da adoção da plataforma como um serviço. O valor de R é de 0,766. O valor R de 77% representa a correlação entre a adoção de uma plataforma como serviço e a flexibilidade do processo logístico. O R2 é de 0,587. Isto significa que 59% da mudança na flexibilidade do processo logístico é explicada pela variável independente. Isto mostra que a adoção de uma plataforma como serviço contribui em 59% para cada mudança na flexibilidade do processo logístico, enquanto 0,41% da mudança não é esclarecida pelo modelo.

Quadro 4.15: ANOVA para a adoção da plataforma como serviço e a flexibilidade do processo logístico

	Modelo	Soma de quadrados	Df	Média quadrado	F	Sig. 000[b]
1	Regressão	1256.707	1	1256.707	283.933	
	Residual	885.214	200	4.426		
	Total	2141.921	201			

a. Variável dependente: Flexibilidade do processo logístico
b. Preditores: (Constante), Adoção da Plataforma como um Serviço
Fonte: SPSS Output, 2019.

A adequação do modelo também pode ser esclarecida pelo valor 283,933 (F-ratio), com p < 0,05. Isto implica que existe evidência para extrapolar que a adoção da plataforma está linearmente relacionada com a flexibilidade do processo logístico. Isto propõe que o modelo é medido para ser ajustado e que a adoção da plataforma tem uma influência substancial.

Tabela 4.16: Coeficientes de adoção de plataformas como serviço e logística .

	Coeficientes não padronizados		Coeficientes padronizados		
Modelo	B	Erro padrão	Beta	T	Sig.
Constante	5380	.706		7.616	.000
PaaS	.945	.056	.766	16.850	.000

a. Variável Dependente: Flexibilidade do Processo Logístico.
Fonte: SPSS Output, 2019.

O modelo ilustra que: Flexibilidade do Processo Logístico = 5380 + 0,945 Adoção da Plataforma como serviço. Para uma dada unidade de adoção da plataforma como serviço, a flexibilidade do processo logístico aumenta em 0,945. O resultado revela que a plataforma está significativamente correlacionada com a flexibilidade do processo logístico a 1% (p = 0,01), enquanto o valor beta e o valor t da variável independente são 0,766 e 16,850, respetivamente. Isto implica que a adoção da plataforma como um serviço provoca um aumento (positivo) da flexibilidade do processo logístico.

Decisão:
Ho1: A plataforma como um serviço não influencia significativamente a flexibilidade do processo logístico, é rejeitada (p<0,05), e a plataforma como um serviço influencia significativamente a flexibilidade do processo logístico, é aceite. Portanto, o estudo pode concluir que a plataforma como um serviço influencia significativamente a flexibilidade do processo logístico, a adoção influencia significativamente a flexibilidade do processo logístico.

4.4.5 : Teste da hipótese cinco

Ho5: A plataforma como um serviço influencia significativamente o cumprimento das encomendas.

Tabela 4.17. Modelo de regressão para a adoção de uma plataforma como serviço e a satisfação de encomendas

Modelo R	Praça R	Quadrado	R erro std d o Estimativa e
1 .755 [a]	.570	.567	2.754

a. Preditores: (Constante), Adoção da Plataforma como um Serviço
b. Variável dependente: Cumprimento das encomendas

Fonte: SPSS Output, 2019.

A soma do cumprimento das encomendas foi regredida com a soma da adoção da plataforma como um serviço. O valor de R é 0,755. O valor R de 75% representa a correlação entre a adoção da plataforma como serviço e o cumprimento das encomendas. O R2 é de 0,570. 57% da variação do cumprimento das encomendas é explicada pela variável independente. Isto mostra que a adoção de uma plataforma como serviço contribui em 57% para todas as alterações no cumprimento das encomendas, enquanto 0,43% das alterações não são esclarecidas.

Tabela 4.18: ANOVA para a adoção de plataformas como serviço e cumprimento de encomendas

	Modelo	Soma de quadrados	Df	Média quadrado	F	Sig. 000[b]
1	Regressão	2007.519	1	2007.519	264.712	
	Residual	1516.759	200	7.584		
	Total	3524.277	201			

a. Variável dependente: Cumprimento das encomendas
b. Preditores: (Constante), Adoção da Plataforma como um Serviço

Fonte: SPSS Output, 2019.

A adequação do modelo também pode ser esclarecida pelo valor 264,712 (F-ratio), com p < 0,05. Isto implica que existem provas para extrapolar que a adoção da plataforma como serviço está linearmente relacionada com a satisfação das encomendas. Isto propõe que o modelo é medido para ser ajustado e que a adoção da plataforma como um serviço tem uma influência substancial no cumprimento das encomendas.

Tabela 4.19: Coeficientes de Adoção da Plataforma como Serviço e Cumprimento de Encomendas.

Modelo	B	Erro Std.	Beta		Sig.
Constante	1.121	..925		1.212	.227
PaaS	1.195	.073	.755	16.270	.000

a. Variável Dependente: Cumprimento das encomendas.
Fonte: SPSS Output, 2019.

O modelo ilustra que: Order Fulfillment = 1,121 + 1,195 Adoção da Plataforma como Serviço. Para uma determinada unidade de adoção da plataforma como serviço, o cumprimento das encomendas aumenta em 1,195. O resultado revela que a plataforma como serviço está significativamente correlacionada com o cumprimento das encomendas a 1% (p = 0,01), enquanto o valor beta e o valor t da variável independente são 0,755 e 16,270, respetivamente. Isto implica que a adoção de uma plataforma como serviço provoca um aumento (positivo) do cumprimento das encomendas.

Decisão:

Ho5: A adoção de uma plataforma como serviço não influencia significativamente a satisfação das encomendas, é rejeitada (p<0,05) e a hipótese alternativa, que afirma que a adoção de uma plataforma como serviço influencia significativamente a satisfação das encomendas, é aceite. Por conseguinte, o estudo permite concluir que a adoção de uma plataforma como serviço influencia significativamente a satisfação das encomendas.

4.4.6 : Teste de hipóteses Seis

Ho6: A adoção de uma plataforma como serviço não influencia significativamente a partilha de informações

Tabela 4.20. Modelo de regressão para a adoção de plataformas como serviço e a partilha de informações

Modelo R	Praça R	Ajustado Quadrado	R erro std d o Estimativa e
1 .692ª	.481	.429	2.872

a. Preditores: (Constante), Plataforma como um Serviço
   Adoção
b. Variável dependente: Partilha de informação
Fonte: SPSS Output, 2019.

A soma da partilha de informações foi regredida com a soma da adoção da plataforma como serviço. O valor de R é de 0,692. O valor R de 69% representa a correlação entre a adoção da plataforma como serviço e a partilha de informações. Representa uma correlação vigorosa entre a adoção da plataforma como serviço e a partilha de informações. O R2 é de

0,481. Isto significa que 48% da mudança na partilha de informações é explicada pela variável independente. Isto mostra que a adoção de uma plataforma como serviço contribui em 48% para cada mudança na partilha de informações, enquanto 0,52% da mudança não é esclarecida pelo modelo.

Tabela 4.21: ANOVA para a adoção da plataforma como serviço e a partilha de informações

		Soma de quadrados	Df	Média quadrado	F	Sig. 000[b]
1	Regressão	1527.244	1	1527.244	185.124	
	Residual	1649.969	200	8.250		
	Total	3177.213	201			

a. Variável dependente: Partilha de informação
b. Preditores: (Constante), Adoção da Plataforma como um Serviço
Fonte: SPSS Window Output, 2019

O modelo de adequação também pode ser esclarecido pelo valor 185,124 (F-ratio), com p < 0,05. Isto implica que existem provas para extrapolar que a adoção de uma plataforma como serviço está linearmente relacionada com a partilha de informações. Isto propõe que o modelo seja considerado adequado e que a adoção da plataforma tenha uma influência substancial na partilha de informações.

Tabela 4.21: Coeficientes do Modelo de Regressão para a Adoção de Plataformas como Serviço e Partilha de Informação

Modelo	B	Erro Std.	Beta	T	Sig.
Constante	1.204	.622		1.937	.054
PaaS	.530	.058	.355	9.171	.000

a. Variável dependente: Partilha de Informação.
Fonte: SPSS Output, 2019.

O modelo ilustra que: Partilha de Informação = -1,204+ 0,530 Adoção da Plataforma como serviço. Para uma determinada unidade de adoção da plataforma como serviço, a partilha de informações aumenta em 0,530. O resultado revela que a adoção de uma plataforma como serviço está significativamente correlacionada com a partilha de informações com base em 1% (p = 0,01), enquanto o valor beta e o valor t da variável independente são 0,355 e 9,171, respetivamente. Isto implica que a adoção de uma plataforma como serviço provoca um aumento (positivo) da partilha de informações.

Decisão:
H$_{o6}$: A adoção da plataforma como serviço não influencia significativamente a partilha de informações, é rejeitada (p<0,05), e a hipótese alternativa, que afirma que a adoção da plataforma como serviço influencia significativamente a partilha de informações, é aceite. Por conseguinte, o estudo permite concluir que a adoção de uma plataforma como serviço

influencia significativamente a partilha de informações.

4.4.7 : Teste de hipóteses Sete

Ho7: A adoção de infra-estruturas como um serviço influencia significativamente a flexibilidade do processo logístico.

Quadro 4.22 Modelo de regressão para a adoção de infra-estruturas como serviço e flexibilidade do processo logístico

Modelo R	Praça R	Quadrado	R erro std d o Estimativa e
1 .325 [a]	.105	.101	3095

a. Preditores: (Constante), Infraestrutura como um
Adoção de serviços
b. Variável dependente: Flexibilidade do
processo logístico
Fonte: SPSS Output, 2019.

A soma da Flexibilidade do Processo Logístico foi regredida com a soma da Adoção de Infra-estruturas como um Serviço. O valor de R é de 0,325. O valor R de 32,5% representa a correlação entre a adoção de Infra-estruturas como serviço e a Flexibilidade do processo logístico. Representa uma correlação semanal entre as duas variáveis. O R2 é de 0,105. Isto significa que 10% da variação da flexibilidade dos processos logísticos é explicada pela variável independente. Isto mostra que a adoção de uma infraestrutura como serviço contribui em 10% para cada mudança na flexibilidade do processo logístico, enquanto 0,90% das mudanças não são esclarecidas.

Quadro 4.23: ANOVA para a adoção de infra-estruturas como serviço e flexibilidade do processo logístico

		Soma de quadrados	Df	Quadrado médio	F	Sig. 000[b]
1	Regressão	226.299	1	226,279	23.627	
	Total	1915.621	200	9.578		
	residual	2141.921	201			

a. Variável dependente: Flexibilidade do processo logístico
b. Preditores: (Constante), Adoção de Infraestrutura como Serviço
Fonte: SPSS Output, 2019.

A adequação do modelo também pode ser esclarecida pelo valor 23,627 F-ratio), com $p <$ 0,05. Isto implica que existe evidência para extrapolar que a adoção de infra-estruturas como serviço está linearmente relacionada com a flexibilidade do processo logístico. Isto propõe que o modelo é medido para ser ajustado e que a infraestrutura tem uma influência substancial.

Tabela 4.24: Coeficientes de adoção de infra-estruturas como serviço e flexibilidade do processo logístico

		Coeficientes não padronizados		Coeficientes padronizados		
Modelo	B	Erro Std.	Beta		T	Sig.
Constante	12.631	.929			13.601	.000
IaaS	.412	.085	.325		4.861	.000

a. Variável Dependente: Flexibilidade do Processo Logístico

Fonte: SPSS Output, 2019.

O modelo ilustra que: Partilha de Informação = 6,752 + 0,539 Adoção de Infra-estruturas como serviço. Para uma dada unidade de adoção de Infra-estruturas como serviço, a Flexibilidade do Processo Logístico aumenta em 0,539. O resultado revela que a adoção de uma infraestrutura como serviço está significativamente correlacionada com a flexibilidade do processo logístico a 1% (p = 0,01), enquanto o valor beta e o valor t da variável independente são 0,941 e 39,255, respetivamente. Isto implica que a adoção da infraestrutura como serviço provoca um aumento (positivo) da flexibilidade do processo logístico.

Decisão:

H_{o7}: A adoção de infra-estruturas como um serviço não influencia significativamente a flexibilidade do processo logístico é rejeitada (p<0,05), e a hipótese alternativa, que afirma que a adoção de infra-estruturas como um serviço influencia significativamente a flexibilidade do processo logístico, é aceite. Portanto, o estudo pode concluir que a adoção de infra-estruturas como serviço influencia significativamente a flexibilidade do processo logístico.

4.4.8 : Teste de hipóteses Oito

H_{o8}: A adoção de uma infraestrutura como serviço não influencia significativamente o cumprimento das encomendas.

Tabela 4.25: Modelo de regressão para a adoção da infraestrutura como serviço e o cumprimento das encomendas

Modelo R	Praça R	Quadrado	R erro std d o Estimativa e
1 .338 [a]	.114	.110	3.950

a. Preditores: (Constante), Adoção de Infra-estruturas

b. Variável dependente: Cumprimento das encomendas

Fonte: SPSS Output, 2019.

A soma de Order Fulfillment foi regredida com a soma da adoção de Infra-estruturas como um serviço. O valor de R é de 0,338. O valor R de 33,8% representa a correlação entre a adoção de Infra-estruturas como serviço e o Cumprimento de Encomendas. Representa uma correlação semanal entre as duas variáveis. O R2 é de 0,114. Isto significa que 11% da variação na execução das encomendas é explicada pela variável independente. Isto mostra que a adoção da infraestrutura como serviço contribui em 11% para cada mudança na partilha de informações, enquanto 0,89% da mudança não é esclarecida.

Tabela 4.26: ANOVA para Adoção de Infra-estruturas como Serviço e Cumprimento de Encomendas

	Modelo	Soma de quadrados	Df	Quadrado médio	F	Sig. 000^b
1	Regressão	403.083	1	403,083	25.829	
	Residual	3121.195	200	15.606		
	Total	2524.277	201			

a. Variável dependente: Cumprimento das encomendas
b. Preditores: (Constante), Adoção de Infraestrutura como Serviço
Fonte: SPSS Output, 2019.

A adequação do modelo também pode ser esclarecida pelo valor 25,829 (F-ratio), com p < 0,05. Isto implica que há evidências para extrapolar que a adoção da infraestrutura como serviço está linearmente relacionada com o cumprimento das encomendas. Isto propõe que o modelo é medido para ser ajustado e que a adoção da infraestrutura como um serviço tem uma influência substancial no cumprimento das encomendas.

Tabela 4.27: Coeficientes de Adoção de Infra-estruturas como Serviço e Cumprimento de Encomendas.

Modelo	B	Erro Std.	Coeficientes padronizados Beta	T	Sig.
Constante	9.975	.1.185		8.415	.000
IaaS	.550	.108	.338	5.082	.000

a. Variável dependente: Cumprimento das encomendas
Fonte: SPSS Output, 2019.

O modelo ilustra que: cumprimento das encomendas = 9,975 + 0,550 adoção de infra-estruturas como serviço. Para uma determinada unidade de adoção de uma infraestrutura como serviço, o cumprimento das encomendas aumenta em 0,550. O resultado revela que a adoção de uma infraestrutura como serviço está significativamente correlacionada com o cumprimento das encomendas com base no nível de significância de 1% (p = 0,01), enquanto o valor beta e o valor t da variável independente são 0,941 e 39,255, respetivamente. Isto implica que a adoção de uma infraestrutura como serviço provoca um aumento (positivo) do cumprimento das encomendas.

Decisão:

H$_{o8}$: A adoção de uma infraestrutura como serviço não influencia significativamente a satisfação das encomendas é rejeitada (p<0,05) e a hipótese alternativa, que afirma que a adoção de uma infraestrutura como serviço influencia significativamente a satisfação das encomendas, é aceite. Por conseguinte, o estudo permite concluir que a adoção de infra-estruturas como serviço influencia significativamente o cumprimento das encomendas.

4.4.9 : Teste de hipóteses Nove

Ho9: A adoção de infra-estruturas influencia significativamente a partilha de informações.

Tabela 4.28: Modelo de regressão para a adoção de infra-estruturas como serviço e partilha de informações

Modelo R	Praça R	Quadrado	R erro std d a Estimativa e
1 .442 [a]	.195	.191	3.576

a. Preditores: (Constante), Infraestrutura como um
Adoção de serviços
b. Variável dependente: Partilha de informação
Fonte: SPSS Output, 2019.

A soma da Partilha de Informações foi regredida com a soma da Adoção de Infra-estruturas como um Serviço. O valor de R é de 0,442. O valor R de 44,2% representa a correlação entre a adoção da infraestrutura como serviço e a partilha de informações. Representa uma correlação moderada entre as duas variáveis. O R2 é de 0,195. 19% da variação na Partilha de Informações é esclarecida pela variável independente. Isto mostra que a adoção de uma infraestrutura como serviço contribui em 19% para cada mudança na partilha de informações, enquanto 0,81% das mudanças não são esclarecidas.

Tabela 4.29: ANOVA para a adoção de infra-estruturas como serviço e partilha de informações

	Modelo	Soma de quadrados	Df	Quadrado médio	F	Sig. 000[b]
1	Regressão	620.088	1	620,055	48.499	
	Residual	2557.125	200	12.786		
	Total	3177.213	202			

a. Variável dependente: Partilha de informação
b. Preditores: (Constante), Adoção de infra-estruturas como serviço
Fonte: SPSS Output, 2019.

A adequação do modelo também pode ser esclarecida pelo valor 48,499 (F-ratio), que a $p < 0.05$. Isto implica que existem provas para extrapolar que a adoção de uma infraestrutura como serviço está linearmente relacionada com a partilha de informações. Propõe-se, assim, que o modelo seja considerado adequado e que a adoção da infraestrutura como serviço tenha uma influência substancial na partilha de informações.

Tabela 4.30: Coeficientes de adoção de infra-estruturas como serviço e partilha de informações

Modelo	Coeficientes não padronizados		Coeficientes padronizados		
	B	Erro Std.	Beta	T	Sig.
Constante	12.631	.929		13.601	.000
IaaS	.412	.085	.325	4.861	.000

a. Variável dependente: Partilha de Informação
Fonte: SPSS Output, 2019.

O modelo ilustra que: Partilha de Informação = 12,631 + 0,412 Adoção de Infra-estruturas como Serviço. Para uma determinada unidade de adoção de uma infraestrutura como serviço, a partilha de informações aumenta em 0,412. O resultado revela que a adoção de uma infraestrutura como serviço está significativamente correlacionada com a partilha de informações com base no nível de significância de 1% (p = 0,01), enquanto o valor beta e o valor t da variável independente são 0,412 e 4,861, respetivamente. Isto implica que a adoção de uma infraestrutura como serviço provoca um aumento (positivo) da partilha de informações.

Decisão:

H_{o9}: A adoção de uma infraestrutura como serviço não influencia significativamente a partilha de informações, é rejeitada (p<0,05) e a hipótese alternativa, que afirma que a adoção de uma infraestrutura como serviço influencia significativamente a partilha de informações, é aceite. Por conseguinte, o estudo permite concluir que a adoção de infra-estruturas como serviço influencia significativamente a partilha de informações.

4.4.10 A confiança interorganizacional modera a relação entre a adoção de serviços de computação em nuvem e o desempenho da cadeia de abastecimento

Teste da hipótese 10

Anteriormente, as medidas de desempenho da cadeia de abastecimento foram definidas como: flexibilidade do processo logístico, cumprimento das encomendas e partilha de informações. Cada uma destas variáveis dependentes é regredida nas três variáveis de adoção de serviços de computação em nuvem (SaaS, PaaS e IaaS), na confiança interorganizacional (IOT) e na variável de interação (CCSA*SCP), e os resultados são apresentados nos Quadros 4.31, 4.32 e 4.33.

Regra de decisão:

Rejeitar H_{o10} se o *valor* p do termo de interação for inferior a 0,05. Caso contrário, não rejeitar H_{o10}.

Tabela 4.31: Confiança interorganizacional moderando a influência da adoção de serviços de computação em nuvem na flexibilidade do processo logístico (n=202)

A	B	C
Variável	Coeficiente Beta	valor *de p*
Constante	-673.376	.000
SaaS	.956	.000
PaaS	.766	.000
IaaS	.225	.000
IOT	.941	.000
CCSA*SCP	.935	.000
R-quadrado .4431	Adj. R-quadrado4 .429	Prob(estatística F) .0000

Fonte: SPSS Output, 2019.

O registo da flexibilidade do processo logístico como uma função linear do software, da plataforma, da infraestrutura, da confiança interorganizacional e da variável de interação (CCSA*SCP), que é o produto das dimensões de adoção de serviços de computação em nuvem (SaaS, PaaS e IaaS) e da confiança interorganizacional.

A estatística F está ligada a uma probabilidade quase nula, mostrando que o modelo de flexibilidade do processo logístico é muito significativo. O R-quadrado ajustado é de 4,431, mostrando que o modelo tem uma adequação moderada; e explica aproximadamente 44% da variação na flexibilidade do processo logístico. Os factores não considerados no modelo explicam em conjunto os restantes 56%.

Além disso, os coeficientes estimados têm sinais mistos, com SaaS (= 0,956), PaaS (= 0,766), IaaS (= 0,325) e IOT (= 0,941) associados a sinais positivos. O termo de interação (= 0,935) está associado a um coeficiente positivo. Todas as variáveis estão associadas a probabilidades nulas. Isto mostra que os principais efeitos do software como um serviço, da plataforma como um serviço e da infraestrutura como um serviço pela confiança interorganizacional são significativos ao nível de 1%. Assim, a confiança interorganizacional modera as relações.

Tabela 4.32: Confiança interorganizacional moderando a adoção de serviços no cumprimento de encomendas (n=202)

A	B	C
Variável	Coeficiente Beta	valor *de p*
Constante	5388.52	.000
SW	.962	.000
PF	.755	.000
IF	.338	.000
IOT	.965	.000
CCSA*SCP	.937	.000
Quadrado R .3448	Adj. R-quadrado3 ,389	Prob(estatística F) .0000

Fonte: SPSS Output, 2019.

O registo do cumprimento das encomendas como uma função linear do software, da plataforma, da infraestrutura, da confiança inter-organizacional e da variável de interação (CCSA*SCP), que é o produto das dimensões de adoção de serviços de computação em nuvem (SaaS, PaaS e IaaS) e da confiança inter-organizacional. A estatística F está associada a uma probabilidade quase nula, o que mostra que, em geral, o modelo estimado de satisfação de encomendas é muito significativo. O R-quadrado ajustado é 3,448, mostrando que o modelo estimado tem uma adequação moderada e explica aproximadamente 34% da variação total no atendimento de pedidos. Os factores não considerados no modelo explicam, em conjunto, até 66%.

Além disso, os coeficientes estimados também têm sinais mistos, com SaaS (= 0,962), PaaS (= 0,755), IaaS (= 0,338) e IOT (= 0,959) associados a sinais positivos. O termo de interação (= 0,937) está associado a um coeficiente positivo. Todas as variáveis estão associadas a probabilidades nulas. Isto mostra que os principais efeitos do software como um serviço, da plataforma como um serviço e da infraestrutura como um serviço na confiança interorganizacional são significativos ao nível de 1%. Assim, a confiança interorganizacional modera as relações.

Quadro 4.33: Confiança interorganizacional como moderador da influência do serviço na partilha de informações (n=202)

A		B	C
Variável		Coeficiente Beta	valor *de p*
Constante		30.406	.000
SaaS		.911	.000
PaaS		.692	.000
IaaS		.442	.000
IOT		.959	.000
CCSA*SCP		.878	.000
R-quadrado	.2184	Adj. R-quadrado2172	Prob(estatística F) .0000

Fonte: SPSS Output, 2019.

O logaritmo da partilha de informações como função linear do software, da plataforma, da infraestrutura, da confiança interorganizacional e da variável de interação (CCSA*SCP), que é o produto das dimensões de adoção de serviços de computação em nuvem (SaaS, PaaS e IaaS) e da confiança interorganizacional.

A estatística F está associada a uma probabilidade quase nula, o que mostra que, globalmente, o modelo de rendibilidade estimado é muito significativo. O R-quadrado ajustado é de 0,3876, o que mostra que o modelo estimado tem uma adequação moderada; o modelo explica quase 39% da variação total da rendibilidade. Os factores não considerados no modelo explicam conjuntamente os restantes 61%.

Os coeficientes estimados têm sinais mistos, com SaaS (= 0,911), PaaS (= 0,692), IaaS (= 0,442), IOT (= 0,959) associados a sinais positivos. O termo de interação (= o,923) está associado a um coeficiente positivo. Todas as variáveis de adoção de serviços de computação em nuvem estão associadas a probabilidades baixas, o que indica que os seus efeitos individuais na rendibilidade são todos significativos. O coeficiente de IOT está associado a uma probabilidade elevada (p-value = 0,959), indicando que o efeito principal da confiança interorganizacional é estatisticamente significativo. O termo de interação (CCSA*SCP) está associado a uma probabilidade nula, o que sugere que a confiança interorganizacional tem um efeito moderador positivo e muito significativo na adoção de serviços de computação em nuvem e na partilha de informações.

Estes resultados indicam que a flexibilidade do processo logístico tem um desempenho superior ao dos modelos de cumprimento das encomendas e de partilha de informações. O R-quadrado ajustado para o modelo do processo logístico é de 0,4431 ou 44%, enquanto os modelos de cumprimento de encomendas e de partilha de informações são de 0,3448 e 0,2184, respetivamente. Assim, a hipótese dez foi executada com base no modelo de flexibilidade do processo logístico estimado.

O *valor* p associado da estatística t correspondente ao termo de interação (CCSA*SCP) é 0,0000, inferior a 0,05. Existe uma influência forte e significativa da adoção de serviços de computação em nuvem no desempenho da cadeia de abastecimento (r=0,970, pv0,000<0,05), mas quando a confiança interorganizacional é mantida constante/controlada, a influência torna-se (r = 0,529, pv 0,00<0,05). Isto mostra que a confiança interorganizacional modera a influência da adoção de serviços de computação em nuvem. Isto implica que, à medida que a confiança inter-organizacional entre os parceiros da cadeia de abastecimento é respeitada, existe a tendência para afetar positivamente a adoção de serviços de computação em nuvem.

4.5 Multi-colinearidade Teste

Uma situação de correlações aos pares permite a revelação de uma linha reta em direção a zero e valores de VIF superiores a 10 são sinais cardinais de multicolinearidade. Esta regra de decisão permite ao estudo verificar a ausência de risco entre as dimensões das variáveis independentes.

Tabela 4.34: Teste de multicolinearidade (n=202)

			Estatísticas de colinearidade não padronizadas					
			Coeficiente	Coeficiente				
Modelo Dimensão	Valor próprio		Condição	B				
Index								
Constant		.065	Std error	Beta	T	Sig	Tolerance	VIF
29.294 2.643			0.17	-	2.197	0.000	-	-
Software as a Service		.015	.022	.946	,945	0.000	1.000	1.000
11.444 .900								
Platform as a Service		.022	.059	.800	18.840	0.000	1.000	1.000
9.439 1.103								
Infrastructure as a Service		.028	.089	.452	7.171	0.000	1.000	1.000
8.411 0.640								

Fonte: SPSS Output, 2019.

4.6 Teste do modelo Utilidade

A operacionalidade de todo o modelo foi testada antes de testar as hipóteses individuais

58

quanto aos seus níveis de significância. A adequação do modelo pode ser explicada pelo rácio F (1145,195), muito significativo a p < 0,05. Isto implica que existe justificação para extrapolar que a adoção de serviços de computação em nuvem é imperativa. O estudo conclui sobre a utilidade do modelo de regressão para prever variáveis significativas. A implicação é que pelo menos uma das variáveis independentes não tem coeficiente zero. Isto sugere que o modelo é considerado adequado e que a adoção de serviços de computação em nuvem tem uma influência substancial.

Tabela 4.35: Teste do rácio F

	Modelo	Soma de quadrados	Df	Quadrado médio	F	Sig. 000ᵇ
1	Regressão	2527.278	3	842,426	I145.195	
	Residual	145.652	198	736		
	Total	2672.931	201			

a. Variável dependente: Desempenho da cadeia de abastecimento
b. Preditores: (Constante), Adoção de serviços de computação em nuvem.
Fonte: SPSS Output, 2019.

Tabela 4.36: Efeito combinado das variáveis independentes no desempenho da cadeia de abastecimento (n=202)

Modelo	Variáveis introduzidas	R	R2	R2 ajustado	Erro padrão da Estimativa
1	a) todas as variáveis preditoras b) Cadeia de abastecimento Desempenho	0.972	0.946 .	.0.945	0.858 .
2	a) todas as variáveis preditoras b) Processo logístico Flexibilidade	0.967	0.934	0.933	0.843
3	a) todas as variáveis preditoras b) Cumprimento de encomendas	0.969	0.939 .	0.938	1.039 .
4	a) todas as variáveis preditoras b) Informações Partilhar	0.926	0.958 .	0.856	1.511

Fonte: SPSS Output, 2019.

As variáveis preditoras explicaram cerca de 94,6% das mudanças de comportamento do desempenho da cadeia de abastecimento; o modelo 2 ($R^2 = 0,934$, $P<0,01$) mostra que as variáveis preditoras explicaram cerca de 93,4% das mudanças de comportamento da flexibilidade do processo logístico; o modelo 3 ($R^2 = 0.939$, $P<001$) mostra que as variáveis preditoras explicaram cerca de 93,4% das alterações do cumprimento das encomendas; e o modelo 4 ($R^2 = 0,958$, $P<0,01$) indica 95,8% de partilha de informações e vários graus de relações no desempenho da cadeia de abastecimento, flexibilidade do processo logístico, processamento de encomendas e partilha de informações.

CAPÍTULO 5 DISCUSSÃO DE RESULTADOS

5.1: Discussões de Conclusões

Este estudo examinou o efeito das dimensões da adoção de serviços de computação em nuvem nas métricas de desempenho da cadeia de abastecimento (flexibilidade do processo logístico, cumprimento das encomendas e partilha de informações). A influência da adoção de serviços de computação em nuvem no desempenho da cadeia de abastecimento foi testada através de uma análise de regressão múltipla, tendo sido confirmado que a adoção de serviços de computação em nuvem influenciava o desempenho da cadeia de abastecimento. Os resultados são apresentados nas subsecções seguintes:

5.1: Relação entre a adoção de software como serviço e a flexibilidade dos processos logísticos, a satisfação das encomendas e a partilha de informações

Fundamentalmente, a adoção do software como serviço é um fator consequente ou determinante que influencia as métricas de desempenho da cadeia de abastecimento (flexibilidade do processo logístico, cumprimento das encomendas e partilha de informações). Por conseguinte, os resultados sobre o software como serviço e a flexibilidade do processo logístico confirmaram a hipótese alternativa de que o software como serviço influencia significativamente a flexibilidade do processo logístico. O estudo abordou questões sobre a utilização de software como serviço, como o correio eletrónico (Gmail), o Raw Stage (Dropbox) e o Raw Company (por exemplo, Amazon E-C2), para obter um desempenho favorável da cadeia de abastecimento nas empresas. A obtenção de vantagens competitivas é avaliada pelo desempenho da cadeia de abastecimento, como a flexibilidade do processo logístico. O software como serviço tem raízes profundas na indústria transformadora, onde o design do produto pode ser condensado no serviço de computação em nuvem e tratado de forma adequada. A partir dos nossos resultados, compreendemos que a adoção de software como serviço tem um impacto positivo na flexibilidade do processo logístico. Os nossos resultados apoiam a afirmação de Kung et al. (2015) de que existe um efeito mútuo ou recíproco nas aspirações de adoção de uma empresa.

O estudo conclui ainda que o software como serviço influencia significativamente o cumprimento das encomendas, de tal forma que quanto maior for a adoção de software como serviço, maior será o cumprimento das encomendas pelas empresas. Isto indica que a adoção de software como serviço é um dos principais determinantes da satisfação das encomendas. Não é de admirar que vários estudos nesta área, tais como (Chen et al., 2016; Lal & Bharadwaj, 2016; Wu. 2011; Mell & Grance, 2011), todos encontraram associação entre o software como serviço e o desempenho da cadeia de abastecimento.

Além disso, a influência significativa da adoção de software como um serviço na partilha de informações sugere que, à medida que a adoção de software como um serviço aumenta, a partilha de informações também aumenta. Isto tende a indicar que o software como serviço, enquanto fonte de tecnologia, traz imensos benefícios para as empresas de comercialização de petróleo a retalho e não admira que estas continuem a fazer esforços para manter a sua adoção. A influência significativa encontrada pelos vários testes estatísticos também confirma a importância do software como um serviço para a partilha de informações das empresas de comercialização de petróleo a retalho. Os resultados corroboram os resultados de Cao et al. (2017) sobre a associação entre a computação em nuvem e a partilha de informações.

5.1.2 : Relação entre a adoção de uma plataforma como serviço e a flexibilidade dos processos logísticos, a satisfação das encomendas e a partilha de informações

A análise estatística revelou que a plataforma como um serviço tem uma influência forte, significativa e positiva na flexibilidade do processo logístico. A partir das nossas conclusões, pode dizer-se que a adoção da plataforma como um serviço por parte da empresa de comercialização de petróleo a retalho é apelativa, pelo que o resultado sobre a flexibilidade do processo logístico se tornou o esperado. O nosso estudo está em linha com Battleson et al. (2016) que revelou que as organizações respondem rapidamente à inovação tecnológica adoptando-a.

A quinta hipótese procurava determinar a influência da plataforma como serviço no cumprimento das encomendas. A plataforma como serviço tem uma influência forte e positiva no atendimento de pedidos. As empresas empenhadas em diminuir o seu nível de inventário registarão um aumento da eficiência na satisfação das encomendas dos clientes com base na nuvem, uma vez que a plataforma como serviço pode melhorar o desempenho da cadeia de abastecimento. As empresas cujas actividades de satisfação de encomendas são geridas de forma eficaz têm um desempenho superior.

A sexta hipótese revelou uma forte influência da plataforma como serviço na partilha de informações, indicando o papel significativo que a plataforma como serviço desempenha na melhoria da partilha de informações nas cadeias de abastecimento. Isto confirma a afirmação de Cao et al. (2017) de que a tecnologia tem influência no domínio da informação e da comunicação e que este efeito tem sido generalizado.

5.1.3 : Relação entre a adoção de uma infraestrutura como serviço e a flexibilidade dos processos logísticos, a satisfação das encomendas e a partilha de informações

A sétima e a oitava hipóteses procuravam determinar a influência da adoção da infraestrutura como serviço na flexibilidade do processo logístico e no cumprimento das encomendas, respetivamente, e revelam que a influência da infraestrutura na flexibilidade do processo logístico e no cumprimento das encomendas é fraca, mas significativa e positiva. As hipóteses alternativas foram confirmadas. Isto mostra claramente que, no que diz respeito à adoção da infraestrutura como serviço, esta continua a ser útil para os gestores. No entanto, o estudo descobriu, na nona hipótese, uma influência moderada da adoção da infraestrutura como serviço na partilha de informações. Os resultados parecem ser assim porque a infraestrutura como um serviço é ainda uma tecnologia emergente e está na sua relativa infância. A maioria das empresas não tem pressa em adoptá-la. Isto corrobora a afirmação de Abollahzadhegan et al. (2013) de que, apesar do estado glorificado desta tecnologia, a maioria das empresas não tem pressa em adoptá-la.

O estudo indicou que a variável independente afecta a variável dependente, apoiando assim trabalhos anteriores (Chen et al., 2016; Lal & Bharadwaj, 2016; Wu. 2011; Mell & Grance, 2011).

As conclusões analisadas neste estudo mostram que a adoção de serviços de computação em nuvem pelas empresas de comercialização de produtos petrolíferos a retalho é um fator determinante do desempenho da cadeia de abastecimento das empresas.

No entanto, as três dimensões originais do serviço de computação em nuvem de Chen et al (2015) foram replicadas neste estudo, e todas as três dimensões (SaaS, PaaS e IaaS) foram consideradas válidas na nossa investigação e apoiam alguns dos estudos anteriores, que sugerem que a adoção do serviço de computação em nuvem afecta o desempenho da cadeia de abastecimento (Lal & Bharadwaj, 2016; Wu. 2011; Mell & Grance, 2011). A análise de regressão das dimensões da adoção de serviços de computação em nuvem e do desempenho da cadeia de abastecimento revelou que o modelo de três atributos foi estatisticamente significativo na explicação do desempenho da cadeia de abastecimento das empresas de comercialização de petróleo a retalho nas três métricas (flexibilidade do processo logístico, cumprimento das encomendas e partilha de informações). Todos os três atributos da adoção de serviços de computação em nuvem contribuíram de forma estatisticamente significativa para prever o comportamento do desempenho da cadeia de abastecimento. O software como serviço ficou em primeiro lugar na influência das métricas da cadeia de abastecimento. Seguem-se a plataforma como um serviço e a infraestrutura como um serviço. Estas conclusões foram bastante robustas nas três métricas do desempenho da cadeia de abastecimento, uma vez que não foi registada qualquer influência insignificante.

5.1.4 : Papel moderador da confiança interorganizacional na relação entre a adoção de serviços de computação em nuvem e o desempenho da cadeia de abastecimento

Os nossos resultados revelam que a confiança interorganizacional modera a relação entre a adoção de serviços de computação em nuvem e o desempenho da cadeia de abastecimento. Goel (2015) afirma que os membros não dependem de uma organização em que não possam confiar. Isto implica que os membros de uma cadeia de abastecimento possuem empresas de confiança razoável que transferem informações de forma segura através da tecnologia. Além disso, a confiança entre os membros da cadeia de abastecimento, tal como referido por Cao et al. (2017), ajudará a levantar as questões de segurança existentes nas cadeias de abastecimento na transferência de informações relativas à utilização da adoção de serviços de computação em nuvem. Os resultados sugerem que a adoção de serviços de computação em nuvem requer o reforço moderador da confiança interorganizacional para sustentar uma parceria viável. Assim, o papel da confiança na cadeia de abastecimento pode prever um resultado organizacional aceitável, como a adoção de serviços de computação em nuvem, que melhora o desempenho da cadeia de abastecimento das empresas.

CAPÍTULO 6
RESUMO DAS CONCLUSÕES E RECOMENDAÇÕES DOS RESULTADOS

6.1 : Resumo das conclusões

O estudo apresentou e analisou os dados recebidos dos inquiridos de 55 empresas de comercialização de petróleo a retalho no Estado de Rivers que utilizaram o serviço de computação em nuvem na sua atividade. Os resultados da análise revelaram as seguintes conclusões:

(1). O software como serviço é utilizado sobretudo por empresas de comercialização de petróleo a retalho no Estado de Rivers. Segue-se a plataforma como serviço e a infraestrutura como serviço.

(3). A adoção de software como serviço tem uma influência muito forte, significativa e positiva na flexibilidade do processo logístico, no processamento de encomendas e na partilha de informações.

(4). A adoção de uma plataforma como serviço tem uma influência forte, significativa e positiva na flexibilidade do processo logístico, no processamento de encomendas e na partilha de informações.

(5). A infraestrutura como serviço tem uma influência fraca, significativa e positiva na flexibilidade do processo logístico e no processamento de encomendas, mas uma influência moderada, significativa e positiva na partilha de informações.

(6). A confiança interorganizacional modera a relação entre a adoção de serviços de computação em nuvem e o desempenho da cadeia de abastecimento.

6.2 : Conclusão

Este estudo investigou a adoção de serviços de computação em nuvem e o desempenho da cadeia de abastecimento de empresas de comercialização de petróleo a retalho no Estado de Rivers, daí a investigação da ligação entre as variáveis; utilizando software como um serviço (SaaS), plataforma como um serviço (PaaS) e infraestrutura como um serviço (IaaS) no desempenho da cadeia de abastecimento (flexibilidade do processo logístico, cumprimento de encomendas e partilha de informações). O estudo também assimilou a confiança inter-organizacional para verificar o seu papel moderador na relação entre a adoção de serviços de computação em nuvem e o desempenho da cadeia de abastecimento.

A investigação utilizou modelos e teorias (TOE, TAM, DIT e SCT) para interpretar os resultados. Estes modelos e teorias foram considerados como um paradigma sólido para compreender como a cadeia de abastecimento pode conseguir a adoção de serviços de computação em nuvem, contribuindo para melhorar a validade do estudo.

Este estudo demonstra claramente que a presença da adoção de serviços de computação em nuvem insinua uma eficiência global no processo da cadeia de abastecimento e liga as empresas de comercialização de petróleo a retalho à computação como motor de uma eficiência óptima. Além disso, o estudo projectou um modelo através da análise de regressão múltipla e as hipóteses fundamentais, tal como estabelecidas nestudo, foram altamente confirmadas no resultado do estudo. Por conseguinte, foram registados resultados significativos. Além disso, as nossas conclusões sobre a confiança interorganizacional como moderadora da relação entre a adoção de serviços de computação em nuvem e o desempenho da cadeia de abastecimento indicam um resultado forte e significativo. Logicamente, é imperativo afirmar que o software como serviço, a plataforma como serviço e a infraestrutura como serviço têm o potencial de melhorar a flexibilidade do processo logístico, o cumprimento das encomendas e a partilha de informações, o que influencia significativamente o desempenho da cadeia de abastecimento. O estudo conclui, portanto, que a adoção de serviços de computação em nuvem influencia significativamente o desempenho da cadeia de abastecimento das empresas de comercialização de petróleo a retalho no Estado de Rivers.

6.3 : Gestão Implicações

Em primeiro lugar, a gestão das empresas de comercialização de petróleo a retalho será levada a concentrar-se na adoção do serviço de computação em nuvem para melhorar o desempenho da cadeia de abastecimento medido pela flexibilidade do processo logístico, pelo cumprimento das encomendas e pela partilha de informações.

Em segundo lugar, os gestores beneficiarão imensamente quando derem ênfase à adoção de software como um serviço, que registou uma maior influência no desempenho da cadeia de abastecimento, para atrair eficiência na flexibilidade do processo logístico, no cumprimento das encomendas e na partilha de informações.

Além disso, o estudo registou uma influência fraca, significativa e positiva da infraestrutura como um serviço na flexibilidade do processo logístico e no cumprimento das encomendas, mas continua a ser útil e pode ser adoptada para a tomada de decisões com vista a um desempenho eficiente da cadeia de abastecimento.

6.4 : Teórica Implicação

Este estudo aborda a utilização da TOE, TAM, DIT e SCT em empresas nigerianas de comercialização de petróleo a retalho. Isto ajuda à institucionalização da teoria TOE, TAM, DIT e SCT na investigação da gestão da cadeia de abastecimento digital, porque o estudo fornece uma compreensão dos fenómenos de adoção de serviços de computação em nuvem e de desempenho da cadeia de abastecimento nas empresas de comercialização de petróleo a retalho que operam na Nigéria.

6.5 : Implicações práticas

Uma implicação importante é que a adoção de serviços de computação em nuvem pode ser uma ferramenta forte e eficaz de gestão da cadeia de abastecimento que os gestores da cadeia de abastecimento podem adotar para garantir que a sua cadeia de abastecimento tenha um desempenho favorável num terreno competitivo. A aplicação da escala de adoção de serviços de computação em nuvem desenvolvida pelo estudo permitiria aos gestores da cadeia de abastecimento melhorar a flexibilidade do processo logístico, bem como o cumprimento das encomendas e a partilha de informações.

Além disso, a articulação entre a adoção de serviços de computação em nuvem e o desempenho da cadeia de abastecimento permite aos gestores diagnosticar a flexibilidade dos processos logísticos das suas empresas, o cumprimento das encomendas e a partilha de informações, ajudando assim a criar os planos necessários para melhorar o desempenho da cadeia de abastecimento.

6.6 : Contribuições para Conhecimento

Uma investigação formal sobre a adoção de serviços de computação em nuvem e o desempenho da cadeia de abastecimento inspirou algumas contribuições teóricas para o conhecimento. Esta investigação desenvolveu uma estrutura CCSA e SCP composta por software como um serviço, plataforma como um serviço, infraestrutura como um serviço, flexibilidade do processo logístico, cumprimento de encomendas e partilha de informações, aplicando TOE, TAM, DIT e SCT às variáveis. Esta estrutura reforçou o estabelecimento da TOE, TAM, DIT e SCT como um paradigma poderoso para explicar a adoção de serviços de computação em nuvem e o fenómeno do desempenho da cadeia de abastecimento, estudando estes componentes ao nível da empresa utilizando a visão da TOE, TAM, DIT e SCT.

O estudo estudou cientificamente o fenómeno da adoção de serviços de computação em nuvem e o desempenho da cadeia de abastecimento, desenvolvendo um modelo completamente novo e diferente do que já foi conhecido, compreendendo as dimensões da adoção de serviços de computação em nuvem (Software como serviço, Plataforma como serviço e Infraestrutura como serviço) e as medidas de desempenho da cadeia de abastecimento (Flexibilidade do processo logístico, Cumprimento de encomendas e Partilha de informações). Este foi concebido e ancorado em empresas de comercialização de petróleo a retalho como unidade de análise, sintetizando-as numa única ideia genérica. Por exemplo, o software como um serviço, a plataforma como um serviço e a infraestrutura como um serviço (Chen et al., 2016; Wu. 2011; Mell & Grance, 2011), a flexibilidade do processo logístico (Mihi- Ramirez et al., 2012), o cumprimento das encomendas (Misra & Sharan, 2014) e a partilha de informações (Barratt & Oke, 2007) foram objeto de estudos anteriores. No entanto, ao estudar esses elementos ao nível da empresa, o panorama da TOE, TAM, DIT e SCT é escrutinado como extensão original da pesquisa.

O estudo científico insinua que o desempenho da cadeia de abastecimento pode ser consumado através da adoção de serviços de computação em nuvem na empresa. A investigação confirma a importância da flexibilidade do processo logístico, do cumprimento das encomendas e da partilha de informações e a forma como a melhoria pode emanar da adoção de serviços de computação em nuvem. Com base nestes antecedentes, o estudo desenvolveu o modelo heurístico da influência da adoção de serviços de computação em nuvem no desempenho da cadeia de abastecimento.

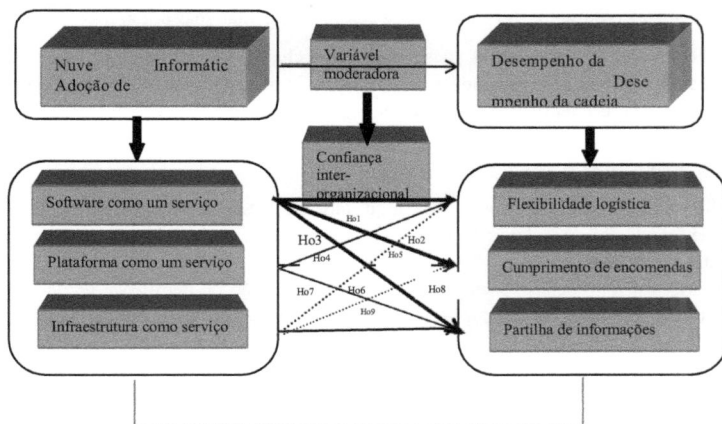

Figura 6.1: Quadro operacional da influência da adoção de serviços de computação em nuvem no desempenho da cadeia de abastecimento   .
Fonte: Pesquisa de gabinete do autor, 2019.

Chave

Influência muito ~~forte~~
_____ Influência moderada
Semana Influência

As linhas a tracejado mostram uma influência significativa fraca. As linhas a tracejado mostram uma influência significativa fraca, uma influência muito forte e uma influência forte, respetivamente, e as linhas rectas representam uma influência moderada do nosso modelo. Estas são as contribuições da tese

6.7. Recomendações

São apresentadas as seguintes recomendações:
1. A gestão das empresas de comercialização de produtos petrolíferos a retalho deve adotar serviços de computação em nuvem capazes de estimular um desempenho positivo da cadeia de abastecimento que melhore a flexibilidade do processo logístico, o cumprimento das encomendas e a partilha de informações no seu sector.

2. Os gestores devem concentrar-se mais na adoção do software como serviço e da plataforma como serviço, porque são dimensões da adoção de serviços de computação em nuvem que prevêem o desempenho da cadeia de abastecimento.
3. Os gestores de marketing do sector do retalho petrolífero devem estar preparados para desenvolver práticas de confiança inter-organizacionais sólidas, capazes de

reforçar a adoção de serviços de computação em nuvem que irão melhorar drasticamente o desempenho da cadeia de abastecimento nas suas organizações.

Tendo abordado as implicações das nossas conclusões e introduzido algumas recomendações para as empresas de comercialização de petróleo a retalho da Nigéria, a secção seguinte apresenta sugestões para estudos futuros.

6.8 : Sugestões para futuros estudos

1. Este estudo utilizou uma amostra de 202 inquiridos no Estado de Rivers, na Nigéria. Deveriam ser efectuados estudos empíricos com uma amostra maior para aumentar a adequação das conclusões do estudo.

2. Este estudo utilizou apenas 55 empresas de comercialização de petróleo a retalho no Estado de Rivers e os seus resultados e conclusões são relatados. Este estudo deve ser reproduzido, empregando mais Estados na Nigéria para fazer uma diferenciação neste estudo.

3. É necessário realizar mais investigações sobre a adoção de serviços de computação em nuvem e o desempenho da cadeia de abastecimento nas empresas de comercialização de produtos petrolíferos a retalho, utilizando os clientes como participantes, para fazer comparações com este trabalho.

4. Para corroborar as conclusões do presente estudo, devem ser realizados outros inquéritos sobre a adoção de serviços de computação em nuvem também em empresas de serviços.

5. Como este estudo analisa apenas os gestores de empresas de comercialização de petróleo a retalho que experimentam serviços de computação em nuvem na Nigéria, a investigação deve ser alargada a outros países.

6.9 Limitações da investigação

A influência da adoção de serviços de computação em nuvem nos modelos de implantação de nuvens não foi incluída, o que constitui uma limitação da presente investigação.

Além disso, os dados para o estudo foram gerados no prazo de seis meses, precisamente, de setembro a dezembro de 2018, em dois locais distintos (terminal de depósito de gasolina e estações de venda a retalho de gasolina) e foram estudadas apenas 55 empresas de comercialização de petróleo a retalho.

REFERÊNCIAS

Abbaki, M., Tarhini, A. Hassouna, M. & Shah, F. (2015). Organizacional social, demografia e indivíduos Comportamento de aceitação de tecnologia: Um modelo concetual. *European Scientific Journal, 11 (9), 48-76.*

Alshamaila, y., Pagiannidis, S & Li, F. (2013). Adoção da computação em nuvem pelas PME no Nordeste de Inglaterra.

Ambrust, M., Fox, A., Griffith, R., Joseph, A. Katz, R., Konwinski, A., Lee, G., Patterson, D., Rabkin, A., Stoica, 1. & Zaharia M. (2010). Uma visão da computação em nuvem. *Common ACM 53(4), 50-58.*

Barratt, M. & Oke, A. (2007). Antecedentes da visibilidade da cadeia de abastecimento nas cadeias de abastecimento de retalho: A resource-based theory perspective. *Journal of Operations Management, 29 (4), 329-342.*

Ben-Daya, M. & Raouf, A. (1994). Modelos de inventário que envolvem o lead-time como variável de decisão. *Journal of the Operational Research Society, 45, 579-582.*

Burda, D. & Teuteberg, F. (2014). O papel da confiança e das percepções de risco no arquivamento em nuvem - resultados de um estudo empírico. *Journal of High Technology Management Research, 25 (2), 172-187.*

Buttler, B (2013). PaaS: O que é uma plataforma como serviço e por que ela é importante? *Network World, 11 de fevereiro.*

Chahal, R. & Singh, S. (2016). Sistema pericial baseado em regras difusas para determinar o valor da confiança dos provedores de serviços em nuvem. *Revista Internacional de Sistemas Fuzzy, 19 (2), 338-354.*

Chen, Y. & Huang, Y. (2014). An empirical analysis of software-as-a-service development mode and its impacts on firm. *Thirty-Fifth International Conference on Information Systems*, Auckland.

G2 World Inc (2017). O melhor software (PaaS). Recuperado de www.google.com. Acedido em 13 de junho de 2018.

Guru 99 (2019). Tutorial de computação em nuvem para iniciantes. Acedido a partir de www.google.com.
Recuperado em 29 de janeiro de 2019.

Hutt, M. (2019). IaaS vs PaaS: A diferença. Reunião de vídeo ezTalks. Recuperado de WWW.google.com. Acedido em 29 de janeiro de 2019.

Kaplan, R.S. & Norton, D.P (1992). O balanced scorecard - medidas que impulsionam

Lian, J., Yen, D.C. & Wang, Y. (2014). Um estudo exploratório para entender os fatores críticos que afetam a decisão de adotar a computação em nuvem no hospital de Taiwan. *International Journal of Information Management.* 34(1), 28-36.

Liu, G., Shah, R. & Schroeder, R.G. (2012). The relationships among functional integration mass customization, and firm performance. Integração, customização em massa e desempenho da empresa. *International Journal of Production Research, 50 (3), 677-690.*

Lu, Y. & Ramamurthy, K. (2011). Understanding the link between information technology capability and organizational agility: An empirical examination. *MIS Quarterly, 35 (4), 931-954.*

Malhotra, M. & Macketprang, A. W. (2012). Complementary capabilities. *Journal of Operations Management, 30 (3), 180-200.*

Marston, S., Li, Z, Bandyopadhyay, S., Zhang, J. & Ghalsasi, A. (2011). Cloud computing-The business perspective. *Sistemas de apoio à decisão, 51 (1), 176-189.*

Mell, P. & Grance, T. (2011). A definição do NIST de computação em nuvem. Gaithersburg, MD:
Instituto Nacional de Normas e Tecnologia.

Misra, S. & Mondal, A. (2011). Identificação da aptidão de uma empresa para a adoção da computação em nuvem e modelação do correspondente retorno do investimento. *Mathematical and Computer Modeling 53(3-4),*

Nwokah, N. (2008). Strategic marketing orientation and business performance. European *Journal of Marketing, 42 (314), 279-289.*

Rezar, R., Chiew, T. K, Lee, S. P. & Shams Aliee, Z. (2014). Uma estrutura de interoperabilidade semântica para software como um sistema de serviço em ambientes de computação em nuvem. Ekpert systems with Applications, 41 (13), 5751-5770.

Rubin, A. Babbie, E. (2001). *Research Method for Social Works* (3rd ed). Beimont, Wadsworth.

Selvaraj, A. & Sundarajan, S. (2017). Sistemas de avaliação de confiança baseados em evidências para serviços em nuvem usando lógica difusa. *Revista Internacional de Sistemas Fuzzy, 19 (2), 329-337.*

Sidhu, J. & Singh, S. (2016). Improved TOPSIS method-based trust evaluation framework f or determining trustworthiness of cloud service providers. *Journal of Grid Computing,*

1-25.

Son, I., Lee, D., Lee, J.N. & Change, V.B. (2014). Perceção do mercado sobre iniciativas de computação em nuvem nas organizações: An extended resource-based view. *Information and Management 51(5), 653-669.*

Soon, Q.H. & Udin, Z.M. (2011). Supply chain management from the perspective of value chain flexibility: *An exploratory study Journal of manufacturing Technology Management, 22 (4) 504-526.*

Stevenson, M. & Spring, M. (2009). Supply chain flexibility: An inter-firm empirical study. *International Journal of Operations and Production Management 29 (9), 946-671.*

Sultan, N.A. (2011). Alcançar a nuvem: Como é que as PME podem gerir. *Revista Internacional de Gestão da Informação, 31* (3), 272-278.

Tang, M., Dai, X., Liv, J. & Chen, J. (2016). Rumo a um middleware de avaliação da confiança para a seleção de serviços na nuvem. Sistemas informáticos de geração futura.

Thun, J.H. (2010). Ângulos de integração: An empirical analysis of the alignment of internet- based information technology and global supply chain management. *Journal of Supply Chain Management, 46 (2), 30-44.*

Tornatzky, L. & Fleischer, M. (1990). *The process of technology innovation.* Lexington, Massachusetts, EUA. Lexington Books.

Venkatesh, V. & Bala, H. (2008). Modelo de aceitação de tecnologia 3 e uma agenda de investigação sobre intervenções. *Decision Sciences*, 39 (2) 425-478.

Wang, E., Hu, H. & Hu, P. (2013). Examinar o papel da tecnologia da informação no cultivo das capacidades dinâmicas de marketing das empresas. *Information and Management, 50 (6), 336-343.*

Wu, W.W., Lan, L.W. & Lee, Y.T. (2011). Explorando fatores decisivos que afetam a adoção de SaaS em uma organização: Um estudo de caso. *Revista Internacional de Gestão da Informação. 31(6) 55.*

Xie, X., Liu, R., Cheng, X., Hu, X. & Ni, J. (2016). Algoritmo de agendamento de trabalhos baseado em Trust-Driven e PSO-SFLA na nuvem. *Automação Inteligente e Computação Suave, 22 (4), 1-6.*

Yan, J., Xin, S., Liu, Q., Xu, W., Yang, L., Fan, L., Chen, B. & Wang, Q. (2014). Integração e gerenciamento inteligente da cadeia de suprimentos com base na nuvem das coisas. *Jornal Internacional de Redes de Sensores Distribuídos.1-15.*

Yang, Z., Sun, J., Zhang, Y & Wang, Y. (2015). Compreender a adoção de SaaS na perspetiva dos utilizadores da organização: A tripod rendiness model. *Computadores em Comportamento Humano, 45, 254-264.*

QUESTIONÁRIO

UM QUESTIONÁRIO DE INVESTIGAÇÃO SOBRE A ADOPÇÃO DE SERVIÇOS DE COMPUTAÇÃO EM NUVEM E O DESEMPENHO DA CADEIA DE ABASTECIMENTO DE EMPRESAS DE COMERCIALIZAÇÃO DE PETRÓLEO A RETALHO

Secção A
Antecedentes dos inquiridos/empresa

(Por favor, assinale a caixa da sua escolha na informação que representa a resposta mais adequada em relação à questão levantada).

1. GÉNERO
a. Mascu
lino b
Feminin
o

2. SUPORTES DE IDADE
a. l8-27anos
b. 28-37 anos
c. 38-47 anos
d. 48 anos ou mais

3. ESTADO CIVIL a
Casado
b.Solteiro
c.Viúvo
d.Divórcio
.

4. ANOS DE ACTIVIDADE
a. 1-10 anos
b. 11-20 anos
c. 21-30 anos
d. 31 anos ou mais

5. HABILITAÇÕES LITERÁRIAS
a. SSCE/OND
b. HND/B.SC
c. MBA/MSc
d. Doutoramento

5. TÍTULO DOS INQUIRIDOS
a. Gestor de Terminal de Gasolina
b. Gestor de transportes/logística
c. Gerente de posto de gasolina
d. Supervisor de posto de gasolina

Secção B
Variáveis do estudo
Adoção de serviços de computação em nuvem

Nesta secção, concentre-se nas actividades de adoção de serviços de computação em nuvem da sua empresa.
Selecione a sua resposta a cada afirmação de cada pergunta, assinalando a caixa da sua escolha abaixo:

S/N	Adoção de serviços de computação em nuvem					
	Software como um serviço (SaaS)					
1	Em que medida é que a sua empresa utiliza SaaS?					
2	A sua empresa utiliza SaaS para as operações?					
3	Em que medida é que a sua empresa utiliza SaaS para melhorar o desempenho da cadeia de abastecimento?					
4	Em que medida é que a sua empresa adopta software para potenciar a prestação de serviços?					
5	Em que medida é que a entrega de produtos da sua empresa é facilitada pela aplicação SaaS de fonte?					
	Plataforma como um serviço (PaaS)					
6	Em que medida é que a PaaS permite ao seu empresa gerir os seus componentes?					
7	Em que medida é que a adoção da PaaS fornece à sua empresa pacotes úteis para eficiência de gestão?					
8	Em que medida é que a adoção da PaaS melhora a capacidade da sua empresa para ter um bom desempenho na tempo de colocação no mercado com custos reduzidos?					
9	Em que medida é que a sua empresa adopta a PaaS para a execução dos serviços?					
10	Em que medida é que a sua empresa utiliza PaaS para a externalização?					
	Infraestrutura como serviço (IaaS)					
11	Em que medida é que a sua empresa adopta a IaaS para as operações?					
12	Em que medida é que a sua empresa utiliza IaaS para uma entrega rápida e fácil do produto?					
13	Em que medida é que a sua empresa depende de IaaS para localizar custos e melhorar o desempenho?					
14	Em que medida é que a sua empresa paga subscrição para utilização de IaaS?					
15	Em que medida a sua empresa efectua nível avançado de manutenção através da utilização de IaaS?					

SECÇÃO C
Variáveis do estudo
Desempenho da cadeia de abastecimento

Nesta secção, concentre-se nas actividades de desempenho da cadeia de abastecimento da sua empresa. Selecione a sua resposta a cada afirmação de cada pergunta, assinalando a caixa da sua escolha abaixo:

S/N	Desempenho da cadeia de abastecimento					
16	Em que medida é que o desempenho do seu empresa encorajadora?					
17	Em que medida é que a sua empresa se relaciona de forma excelente com os seus clientes e fornecedores?					
18	Até que ponto a previsão da procura na nossa empresa é exacta?					
19	Em que medida é que a adoção da computação em nuvem afecta o desempenho global da sua empresa em termos de competitividade? vantagem?					
	Flexibilidade do processo logístico (LPF)					
20	Em que medida é que a sua empresa descobre fornecedores alternativos facilmente?					
21	Em que medida é que a sua empresa acede equipamento alternativo em qualquer lugar?					
22	Em que medida é que a sua empresa se torna proactiva em relação às mudanças no seu sector?					
23	Em que medida é que a sua empresa introduz incentivos alternativos para o fornecimento de equipamento?					
	Cumprimento de ordens (OF)					
24	Até ao limite da ordem perfeita cumprir a palavra de ordem da sua empresa?					
25	Em que medida é que o tempo de receção de encomendas reduziu drasticamente na sua empresa?					
26	Em que medida é que a entrega de fornecimentos é muito melhorada na sua empresa?					
27	Em que medida é que os seus clientes têm uma experiência de entrega atempada?					
	Partilha de informações (SI)					
28	Em que medida é que a sua empresa trocar informações atempadas com os seus parceiros?					
29	Em que medida é que a sua empresa e a sua os parceiros valorizam a partilha de informações?					
30	Em que medida é que a partilha de informações entre a sua empresa e os parceiros dela melhora positivamente a vantagem competitiva.					
31	A nossa empresa envolve os seus principais clientes na partilha de informações?					

SECÇÃO D
Variável de estudo
Confiança
interorganizacional

Nesta secção, concentre-se nas actividades de confiança interorganizacional da sua empresa. Selecione a sua resposta a cada afirmação de cada pergunta, assinalando a caixa da sua escolha abaixo:

S/N	Confiança interorganizacional					
32	Em que medida é que a sua empresa trata confiança como um assunto delicado?					
33	Em que medida é que a sua empresa aceita a premissa subjacente à confiança?					
34	Em que medida é que a confiança interorganizacional importante na relação entre a sua empresa e os parceiros dela?					
35	Rumo à extensão da confiança informação interactiva avançada na sua empresa?					

SOBRE O AUTOR

O Dr. Mac-Kingsley Ikegwuru é Professor Sénior no Departamento de Marketing da Universidade Estatal de Rivers, Port Harcourt, Nigéria. Possui licenciaturas e mestrados em Marketing, um doutoramento em Marketing (opção Cadeia de Abastecimento), um diploma de pós-graduação em Educação (PGDE) e um diploma de pós-graduação profissional em Gestão da Cadeia de Abastecimento e Armazenamento. As suas áreas de especialização incluem: Gestão Digital da Cadeia de Abastecimento e Logística Inteligente. Publicou vários artigos em revistas nacionais e internacionais e é coautor de três livros. É membro do Africa Institute of Chartered Marketers (FAICM) da Namíbia, do African Supply Chain Management and warehousing Institute (FASCWI) da Namíbia, da Association of Management and Social Science Researchers (AMSSR) da Nigéria e do Teachers Registration Council of Nigeria (TRCN). O Dr. Mac-Kingsley Ikegwuru é o Diretor Consultor da Best Value Crest Educational Services, Port- Harcourt, Nigéria.

Milton Keynes UK
Ingram Content Group UK Ltd.
UKHW030617061024
449204UK00001B/100

9 786208 110840